HEYNE BÜCHER

ULRICH KAISER

Die Ruine des Unheils

Ein Fantasy-Spiel

Originalausgabe

WILHELM HEYNE VERLAG
MÜNCHEN

HEYNE ALLGEMEINE REIHE
Nr. 01/6524

Printed in Germany 1985
Umschlagzeichnung: Heidi Koch
Illustrationen: Heidi Koch
Umschlaggestaltung: Atelier Ingrid Schütz, München
Gesamtherstellung: Ebner Ulm

ISBN 3-453-02104-5

Willkommen in Fantásia!

Fantásia ist ein geheimnisvoller, fantastischer Kontinent, der irgendwo südlich der Zeit liegt.
Sie, der Leser, übernehmen die Rolle eines jungen Einhornhirten, der momentan noch sorglos in den ausladenden Ästen eines Drachenbrotbaumes sitzt und seine Herde beobachtet.
Dieses Buch besteht aus 400 *Sektionen.* Diese Sektionen dürfen nicht der Reihenfolge nach (von 1 bis 400) durchgelesen werden. Sie beginnen das Fantásy-Rollenspiel-Abenteuer bei Sektion 1. Am Ende dieser – und aller anderen – Sektionen werden Sie vor eine Entscheidung gestellt. Je nachdem, wie Sie sich entscheiden, werden Sie zu einer anderen Sektion verwiesen.

Beispiel:

Sie befinden sich auf Ihrem Sofa und betrachten einen Spielfilm. Plötzlich klingelt das Telefon! Wenn Sie den Hörer abnehmen wollen, lesen Sie bei 234 weiter. Wenn Sie das Telefon ignorieren wollen, um statt dessen den Film weiter zu verfolgen, lesen Sie weiter bei 122.
In jedem ›normalen‹ Fantásy-Roman beschränkt sich die Rolle des Lesers auf die eines Zuschauers. In diesem Fantásy-Rollenspiel-Buch treffen Sie selbst die Entscheidungen. Es liegt an Ihnen, ob die gefährliche Mission des Einhornhirten erfolgreich ist.*

* Um dieses Abenteuer zu spielen, benötigen Sie Papier und Bleistift sowie zwei Würfel.

Das Fantásia-System

Betrachten Sie sich bitte den Fantásia-Bogen auf der Seite gegenüber. Dort sehen Sie eine Reihe von Eigenschaften, die Ihr ›Held‹ hat. Um nun festzustellen, wie ausgeprägt die einzelnen Eigenschaften sind, können Sie insgesamt 25 Punkte auf die Eigenschaften

Stärke

Geschicklichkeit

Intelligenz

verteilen. Je mehr Punkte Sie in einer Eigenschaft haben, desto besser! Im Laufe des Abenteuers können Sie Punkte verlieren und gewinnen. Alle Veränderungen halten Sie bitte auf dem Fantásia-Bogen fest. Sollten Sie in einer Eigenschaft auf 0 Punkte sinken, so ist das Abenteuer vorbei: Ihr Einhornhirte ist tot. In diesem Falle beginnen Sie das Abenteuer einfach von vorne. Verteilen Sie erneut die 25 Punkte, die Ihnen für alle Eigenschaften zur Verfügung stehen, streichen Sie die alten Punkte und alle Eintragungen in der Rubrik ›Ausrüstung‹ weg. Dann können Sie das Abenteuer erneut bei Sektion 1 beginnen. Es ist äußerst unwahrscheinlich, daß Sie das gesamte Abenteuer beim ersten Versuch bestehen. Doch auch wenn Sie das Abenteuer bestanden haben, können Sie es noch einmal spielen. Sie werden auch dann auf neue Gefahren und interessante Situationen treffen.

Fantásia-Bogen

Trage hier Deine gewonnenen Punkte und Gegenstände ein:

Stärke: ______________________________

Geschicklichkeit: ______________________________

Intelligenz: ______________________________

Ausrüstung: ______________________________

Eigenschaften und Tests

Stärke bezeichnet die physische Kraft Ihres Abenteurers. Wenn Sie in eine Situation kommen, in der Sie besonders viel Stärke benötigen, müssen Sie einen *Stärketest* ablegen. Hierbei würfeln Sie einfach mit zwei Würfeln ›gegen‹ Ihre Stärkepunktzahl. Wenn Sie *darunterbleiben,* ist Ihnen der Test gelungen. Wenn Sie z. B. eine Stärke von 9 haben, so dürfen Sie höchstens eine 8 würfeln, um den Stärketest zu bestehen.
Geschicklichkeit ist wichtig, um viele gefährliche Situationen zu überstehen. *Geschicklichkeitstests* müssen z. B. abgelegt werden, wenn Sie versuchen, eine glitschige Brücke zu überqueren oder ein Messer auf eine Zielscheibe zu werfen. Auch bei diesem Test würfeln Sie mit zwei Würfeln ›gegen‹ Ihre Geschicklichkeitspunktzahl.
Wenn Sie *gleich-* oder *darunterbleiben,* ist der Test gelungen. Wenn Sie z. B. eine Geschicklichkeit von 7 haben, so dürfen Sie höchstens eine 7 würfeln, um einen Geschicklichkeitstest zu bestehen.
Intelligenz bezeichnet die Fähigkeit Ihres Abenteurers, bestimmte Sachverhalte zu erkennen und zu verstehen. *Intelligenztests* müssen abgelegt werden, wenn Sie versuchen, eine Schriftrolle zu lesen oder einen Zauberspruch zu verstehen. Hierbei würfeln Sie ebenfalls mit zwei Würfeln gegen Ihre Intelligenzpunktzahl. Wenn Sie z. B. eine Intelligenz von 11 haben, so dürfen Sie höchstens eine 11 würfeln, wenn der Test gelingen soll.

Der Kampf

Im Laufe des Abenteuers werden Sie manchmal auf Kreaturen treffen, die Ihnen feindlich gesinnt sind: Es kommt zum Kampf.

Kämpfe werden im Fantásia-System folgendermaßen durchgeführt.

1. Sie ermitteln Ihre Kampfkraft, indem Sie Stärke- und Geschicklichkeitspunkte Ihres Abenteurers addieren.
2. Sie ermitteln die Kampfkraft Ihres Gegners. Sie ist im Text angegeben.
3. Sie würfeln mit zwei Würfeln und addieren das Ergebnis zu Ihrer Kampfkraft.
4. Sie würfeln mit zwei Würfeln und addieren das Ergebnis zur Kampfkraft Ihres Gegners.

Derjenige, der das höhere Gesamtergebnis hat, hat den Gegner getroffen. Wenn Sie getroffen haben, dürfen Sie zwei Punkte von der Kampfkraft Ihres Gegners abziehen. Wenn Ihr Gegner getroffen hat, müssen Sie sich einige Punkte abziehen. Wieviel Schaden Ihnen der Treffer eines bestimmten Monsters zufügt, erfahren Sie im Text. Sollten die Punkte in einer Ihrer Eigenschaften auf 0 sinken, so hat Ihr Gegner Sie besiegt. Sinkt im Laufe des Kampfes die Kampfkraft Ihres Gegners auf 0, so ist er besiegt.
Schon bald werden Sie jedoch eine Waffe bekommen, die es unnötig machen wird, Ihre Gegner zu töten.

Die Ausrüstung

Wenn Sie während des Abenteuers Gegenstände finden, die Sie mitnehmen möchten, so tragen Sie sie auf dem Fantásia-Bogen ein. Dies gilt auch für Goldmünzen, Zaubertränke etc.
Wenn Sie dagegen einen Ausrüstungsgegenstand verlieren oder wegwerfen wollen, so müssen Sie ihn auch vom Fantásia-Bogen streichen.

So, und nun viel Spaß!

1

Allein und verlassen stehst du vor der rauchenden Ruine, die einmal dein Elternhaus war. Tränen steigen dir in die Augen, als du erkennst, daß es keinen Sinn hat, nach Überlebenden zu suchen. Die Meuchlinge haben gründliche Arbeit geleistet. Niemals hätte auch nur ein Bewohner von Ellgor gedacht, daß die Gefahr so nahe und so furchtbar sein könnte. Sicherlich waren schon öfters Boten in die Stadt gekommen und hatten vor plündernden Meuchlingen gewarnt. Aber jeder hatte sich auf Follfox verlassen; man hatte geglaubt, daß der Meisterzauberer des alten Baron Schmoll jede Bedrohung abwenden könnte.

Noch vor wenigen Stunden hast du in den ausladenden Zweigen des uralten Drachenbrotbaumes unterhalb Schmolls Burg gesessen und deine Einhornherde beim Weiden beobachtet. Plötzlich ertönte ein schrecklicher Schrei aus dem höchsten Turm von Schmolls Burg. Und dann hatte sich ein grelles und schauderhaftes purpurrotes Leuchten um das alte Bauwerk gelegt.

Du wußtest sofort, daß dies nur Follfox' Werk sein konnte, doch daß es so schlimme Folgen haben würde, hast du nicht geahnt.

Und deine Einhörner! Die armen Tiere waren durch das plötzliche Licht so verschreckt, daß sie hilflos in alle Richtungen wegliefen. Du hast zwar versucht, das Mei-

stertier mit deiner goldenen Einhornpfeife zu rufen, doch es hatte nicht reagiert.
Dann bist du schnell zurück zum Dorf gelaufen, um deinem Vater von dem Mißgeschick zu berichten.
Und jetzt stehst du in dem brennenden und rauchenden Chaos, das früher einmal dein Dorf war.
Was tun? Du kannst entweder zurück zur Burg des alten Schmoll gehen und dort um Aufnahme bitten: weiter bei **37**. Du kannst aber auch das Dorf auf der alten Hauptstraße verlassen und dein Glück in der Wildnis versuchen: weiter bei **21**.

2

Yyuckk! Kaum hast du eine grüne Beere gekaut und heruntergeschluckt, liegst du auch schon auf dem Waldboden und windest dich in Krämpfen. Dein Hals fühlt sich an, als hätte jemand eine Tasse Säure hineingegossen. Du weißt nicht, wieviel Zeit vergangen ist, als dein zitternder Körper zur Ruhe kommt. Bevor du einschläfst, zieh dir einen Geschicklichkeitspunkt ab. Lies weiter bei **90**.

3

Mit einer heftigen Bewegung versuchst du dich aus den Krallen des roten Tänzers zu befreien. Du zuckst im Schlaf zusammen und erwachst. Sofort fühlst du einen brennenden Schmerz im Nacken. Mit einem Ruck setzt du dich auf und siehst gerade noch, wie ein kleines rotes Wesen im Wald verschwindet. Dies war ein Traumvampir. Streich dir zwei Stärkepunkte und zwei Intelligenzpunkte weg und lies weiter bei **8**.

4

Leg einen Stärketest ab. Wenn er gelingt, lies weiter bei **30**. Sollte der Test fehlschlagen, lies weiter bei **17**.

5

An der Kreuzung angekommen, entscheidest du dich für den linken Weg. Wenn dieser nicht in die Freiheit führt, hast du überhaupt keine Chance mehr, lebend aus dieser mißlichen Situation herauszukommen. Lies weiter bei **71**.

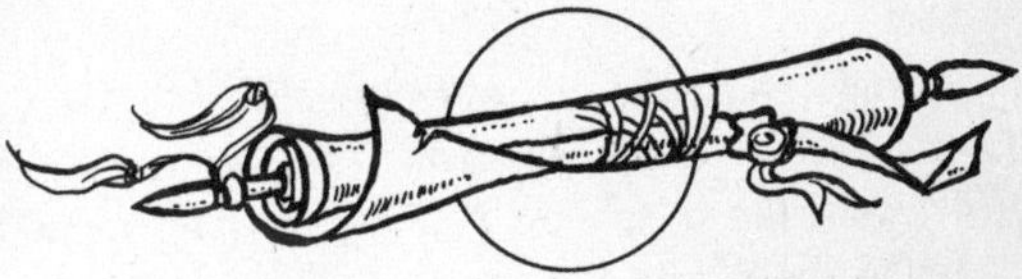

6

Hollahe! Kaum hast du eine blaue Beere gekaut und heruntergeschluckt, als du auch schon vom Boden abhebst. Du klammerst dich voller Freude an einen Ast und verhinderst so, in die nächtliche Wildnis davonzuschweben. Du fühlst dich prächtig, es macht Spaß, leicht wie eine Feder in einem Baum zu hängen. Freundlicher, dicker, weißer Nebel steigt dir ins Gehirn...
Du merkst nicht, wie du mitten in der Nacht – als nämlich die Wirkung der Beerenmischung nachläßt – zu Boden klatschst. Streich dir einen Stärkepunkt weg und lies weiter bei **90**.

7

Du sprichst einen breitschultrigen Messerwerfer an und fragst ihn, ob du auch einmal probieren dürftest.
»Dies hier ist kein Kinderspiel, Junge«, grumpelt der Breitschultrige, »hier geht's um Geld. Wenn du gegen einen von uns antreten willst, mußt du mindestens ein Goldstück setzen.«
Er deutet auf die Zielscheibe. »Wer mit seinem Messer näher an die Mitte der Scheibe herankommt, ist Sieger und erhält den Einsatz des anderen.«
Wenn du Geld hast und es gern beim Messerwerfen riskieren möchtest, lies weiter bei **19**. Wenn nicht, geh zurück zu **200** und triff eine neue Wahl. Wenn dies deine *fünfte* Wahl ist oder du keine Lust hast, weitere Teile der Stadt zu erforschen, lies weiter bei **205**.

8

Wenn du gewußt hättest, daß sich derart hinterhältige Biester in dieser Gegend herumtreiben, hättest du dich sicherlich besser geschützt. Du befühlst die schmerzende Stelle an deinem Hals und stellst fest, daß es sich anscheinend nicht um eine schlimme Wunde handelt. Den Rest der Nacht verbringst du im Halbschlaf, immer darauf bedacht, daß sich dir niemand nähert. Als endlich die ersten Sonnenstrahlen auf dein Gesicht fallen, brichst du dein kleines Lager ab und machst dich wieder auf den Weg.
Nach einer Weile kommst du an eine Weggabelung. Der Pfad nach Osten führt in den Wald hinein, der westliche Weg scheint in eher hügeliges Gelände zu führen. Mitten auf der Straße siehst du einen ausgerissenen Wegweiser. Wenn du lesen willst, was darauf steht, leg einen Intelligenztest ab. Wenn er gelingt (und nur dann!) lies Sektion **36**.

Dann entscheide dich:
Wenn du nach Osten gehen willst, lies weiter bei **60**.
Wenn du nach Westen gehen willst, lies weiter bei **18**.

9

Du spazierst gemütlich den schattigen Waldweg entlang, die Sonne hat fast ihren höchsten Punkt erreicht, als unter dir plötzlich der Boden zusammenbricht. Du verlierst fast das Gleichgewicht, es gelingt dir jedoch, dich schnell herumzuwerfen und so nicht in die Grube hinabzurutschen.
Aus dem tiefen Loch in der Mitte des so harmlos aussehenden Weges starren dir lange, angespitzte Holzpfähle entgegen. Wenn du weiter den Waldweg entlanggehen möchtest, lies weiter bei **65**. Wenn du zurück zur Kreuzung möchtest, um dann nach Osten zu gehen, lies weiter bei **18**.

10

Tiefer und tiefer drückt der rote Tänzer seine Krallen in deinen Rücken. Doch während er dies tut, erzählt er dir mehr über dein Leben an der Seite des Mächtigen: Ihr werdet Pferde haben, die Raum und Zeit überwinden, ihr werdet mehr Schätze besitzen, als ihr an einem Tag betrachten könnt, und ihr werdet in einem goldenen Thronsaal herrschen. In euren Kronen wird für jeden Tag des Jahres ein Diamant eingelassen sein, und ihr werdet ein riesiges Reich regieren, ein Reich voller treuer und folgsamer Untertanen. Leg einen Intelligenztest ab. Wenn er gelingt, lies weiter bei **22**. Wenn nicht, geht es bei Sektion **46** weiter.

11

»Hallo, ist da wer?« rufst du laut und stößt die Tür auf. Sofort springt dir eine widerliche Gestalt entgegen. Es ist ein abtrünniger Meuchling mit Kampfstärke 13. Zieh dir für jeden Treffer des Meuchlings zwei Punkte Stärke ab. Wenn du ihn besiegst, lies weiter bei **122**.

12

Jagga schaut dich aufmunternd an, und so erklärst du, daß du gern bei dem Überfall mitmachen willst. Du setzt dich zu den Dieben an den Tisch und läßt dir den Plan genau erklären. Als der Abend gekommen ist, macht ihr euch auf zum Haus des Kaufmanns. Ob es euch gelingt, diesen zu überfallen? Ob du auch weiter bei der Bande bleibst? Auf jeden Fall wirst du nicht dazu kommen, im Auftrag des Hofmagiers des Königs die Ruine des Unheils zu betreten und dem 1. Diener des Bösen Widerstand zu leisten. Es ist ganz einfach ein anderes Abenteuer...

ENDE

13

Du stolperst die Stufen empor, als dich ein weiteres Messer ins Bein trifft. Glücklicherweise ist es keine schlimme Wunde, zieh dir einen Stärkepunkt ab. Es gelingt dir, die Treppe hinter dir zu lassen, atemlos stürmst du aus dem Haus. So schnell du kannst, rennst du durch die Straßen der Stadt. Als du sicher bist, daß dich niemand verfolgt, bleibst du erschöpft an einem Hauseingang stehen.
Wenn du den Kaufmann Pull warnen willst, lies weiter bei **258**. Wenn nicht, geh zurück zu **200** und triff eine neue Wahl. Wenn dies deine *fünfte* Wahl ist oder du keine Lust hast, die Stadt weiter zu erforschen, lies weiter bei **205**.

14

Am nächsten Tag wirst du frühmorgens geweckt. Zusammen mit dem Baron und dem Herold nimmst du ein üppiges Frühstück ein. Der Baron gibt dir noch eine warme Decke und einen Beutel mit 10 Goldstücken mit auf den Weg.

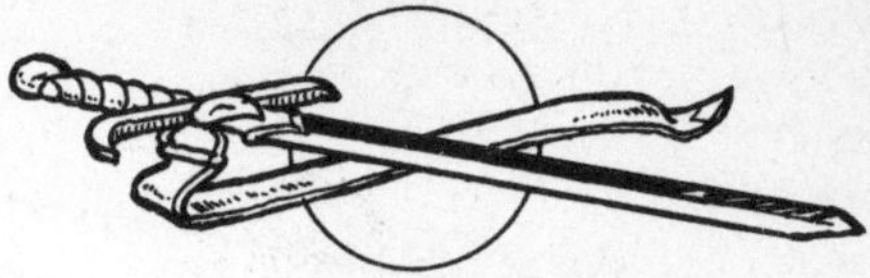

Dann schnallst du dir das *Schwert der Furcht* um und verstaust die Nachricht des Königs in deinem Lederbeutel. Der Geograph des Barons hat dir erklärt, daß du immer nach Süden laufen mußt, um nach Tomkaga zu gelangen.
Nicht fröhlich, aber zumindestens mit einem neuen Ziel stapfst du durch die taubedeckten Wiesen. Die aufgehende Sonne zu deiner Linken taucht die ganze Umgebung in ein unwirkliches Licht. Als die Burg des alten Schmoll hinter deinem Rücken im Dunst verschwunden ist, machst du eine kurze Rast und überprüfst deine Marschrichtung.
Bis zum Einbruch der Dunkelheit folgst du dem Lauf der Straße. Müde und hungrig schlägst du dein kleines Lager an der Wurzel eines großen Baumes auf. Du bereitest dir eine kleine, aber nahrhafte Mahlzeit aus einem Teil der Vorräte, die dir der Baron hat mitgeben lassen. Dann deckst du dich mit deinem Mantel zu und schläfst ein.
Im Traum begegnet dir eine seltsame rote Gestalt, die einen eigenartigen Tanz aufführt. Als du dich ihr näherst, bricht sie den Tanz ab und kommt mit weit ausholenden

Schritten auf dich zu. Du bemerkst, daß die Hände der Gestalt ganz aus langen Krallen bestehen. Sie bringt ihren Mund an dein Ohr und flüstert: »Hüte dich vor blinden Sehern. Ihre Worte sind falsch. Ich sehe, daß du einst an der Seite eines großen und mächtigen Mannes stehen wirst. Suche ihn zu finden, und ein herrliches Leben ist dir gewiß.«

Leg einen Intelligenztest ab. Wenn er dir gelingt, lies weiter bei **31**. Schlägt er fehl, lies weiter bei **15**.

15

Der seltsame rote Tänzer legt dir eine Hand auf den Nacken, und du merkst, wie seine langen Krallen tief in deinen Rücken eindringen. Doch weil du mehr über deine Zukunft erfahren willst, wehrst du dich nicht. Der Tänzer erzählt dir, daß du das Leben genießen wirst, wenn du erst an der Seite des Mächtigen sitzt. Ihr werdet euch jeden Tag an den herrlichsten Speisen und den köstlichsten Getränken laben. Kein Gegner wird mächtig genug sein, um euch bedrohen zu können.
Versuch einen Intelligenztest. Wenn er dir gelingt, lies weiter bei **20**. Mißlingt der Test, lies weiter bei **10**.

16

Du wendest dich von der Lichtung ab und gehst in den Wald hinein. Du suchst dir einen einigermaßen geschützten Schlafplatz und bereitest dir ein kleines kaltes Mahl. Direkt neben deinem Schlafplatz siehst du in der Dunkelheit zwei Büsche, die voller Beeren hängen. Die Beeren des einen Busches sind grün, die anderen blau. Hast du noch Appetit? Wenn du einige von den blauen Beeren essen willst, lies weiter bei **121**.
Wenn du lieber grüne Beeren magst, lies weiter bei **29**.
Wenn du keine Beeren magst bzw. aus Vorsicht keine der beiden Sorten essen willst, lies weiter bei **75**.

17

Du rennst, so schnell du nur kannst, doch die Meuchlinge kommen immer näher. Als sie nur noch wenige Meter von dir entfernt sind, drehst du dich um und stellst dich zum Kampf. Doch die Meuchlinge lachen nur über die kleine Gestalt, die ihnen mit ernster Miene und gezogenem Dolch gegenübersteht. Gerade als der erste Meuch-

ling sich mit blitzender Klinge auf dich stürzen will, trifft ihn ein gleißender Blitzschlag mitten in die Brust. Er bricht bewußtlos zusammen. Ein zweiter Blitz setzt einen anderen Meuchling außer Gefecht.
Du siehst deine Chance und rammst dem dritten Meuchling deinen kurzen Dolch in die Brust. Dieser ist viel zu überrascht, um reagieren zu können. Der letzte Meuchling bekommt es mit der Angst zu tun und rennt, so schnell er kann, davon.
Du läufst zur Burg, man öffnet dir und führt dich zum alten Baron Schmoll. Lies weiter bei **27**.

18

Du spazierst eine Zeitlang durch hügeliges Gelände, als der Pfad vor einer kleinen Hütte plötzlich endet. Aus dem Schornstein steigt eine dünne weiße Rauchfahne in den Himmel. Die Vorderseite der Hütte hat ein offenes Fenster, durch das du ins Innere des kleinen Hauses schauen kannst. Du siehst einen kleinen Raum, der offensichtlich als Küche dient. Über der Feuerstelle hängt ein Topf, aus dem ein verlockender Geruch dringt. Willst du die Hütte betreten? Wenn ja, lies weiter bei **11**. Wenn du lieber zurückgehen willst, lies weiter bei **101**.

19

Notiere dir auf einem Blatt Papier, wieviel du setzen möchtest (mindestens ein Goldstück), und such aus der folgenden Liste aus, gegen wen du antreten willst.
Dann schlage bei der entsprechenden Sektion nach und stelle so fest, wie ›stark‹ dein Gegner ist und wie du ihn besiegen kannst. Wichtig: Du kannst gegen jeden Gegner nur *einmal* antreten.

1. Hella, die Graue. Sie ist ein fettes Geschöpf und häßlich wie die Nacht. An ihrem Gürtel hängen neben vielen scharfen Messern auch einige Meuchlingsskalps. Wenn du gegen Hella werfen willst, lies **117**.
2. Grompf, der Zwerg. Grompf ist ein Riese, der dich um mindestens drei Meter überragt. ›Zwerg‹ ist sein Spitzname und bezieht sich auf seine Intelligenz. Wenn du dich mit Grompf messen willst, lies **78**.
3. Jagga, der Dieb. Sein verschlagenes Gesicht ist unter einer langen Kapuze verborgen. In seiner rechten Hand hält er viele Goldmünzen, an seinem Gürtel hängt ein kleines Lederfläschchen. Wenn du gegen Jagga antreten möchtest, lies weiter bei **69**.

20

Du zuckst im Schlaf zusammen und erwachst. Sofort fühlst du einen brennenden Schmerz im Nacken. Mit einem Ruck setzt du dich auf und siehst gerade noch, wie ein kleines rotes Wesen im Wald verschwindet. Dies war ein Traumvampir. Streiche dir zwei Stärkepunkte weg und lies weiter bei **8**.

21

Du wirfst einen letzten Blick auf die rauchenden Trümmer, die einmal deine Heimat waren, und gehst los. Doch du bist noch nicht einmal eine Stunde unterwegs, als du in der Ferne einen grauen Schatten auf dem Weg entdeckst – der sich schnell auf dich zubewegt.
Das können nur Meuchlinge sein. Da du keine Lust hast, alleine in eine Auseinandersetzung mit vielen dieser gnadenlosen Monster zu geraten, kehrst du schnell um und läufst zurück in die Stadt. Du entscheidest dich, doch zur Burg des alten Schmoll zu gehen. Vielleicht gewährt

man dir dort Aufnahme, und du kannst mehr über das Unglück erfahren, das in Gestalt der kurzbeinigen Mördermonster über deine Stadt gekommen ist: Lies weiter bei **37**.

22

Du zuckst im Schlaf zusammen und erwachst. Sofort fühlst du einen brennenden Schmerz im Nacken. Mit einem Ruck setzt du dich auf und siehst gerade noch, wie ein kleines rotes Wesen im Wald verschwindet. Dies war ein Traumvampir. Streich dir zwei Stärkepunkte und einen Intelligenzpunkt weg und lies weiter bei **8**.

23

Schnell entfernst du den Knebel und die Fesseln der alten Frau. Diese dankt dir für die Befreiung und erzählt dir, daß sie eine Kräuterhexe sei und daß sie vor zwei Tagen von einem widerlichen Meuchling überfallen, gefesselt und geknebelt worden sei. Sie macht dir zum Abschied ein Geschenk. Sie gibt dir ein kleines, bauchiges Glasfläschchen, das mit einer farblosen Flüssigkeit gefüllt ist, und fordert dich auf, es auszutrinken. Mißtrauisch schnupperst du am Inhalt des Fläschchens. Es riecht köstlich nach frischen Mandeln. Wenn du es trinken willst, lies weiter bei **38**. Wenn du dich lieber verabschieden möchtest, lies weiter bei **47**.

24

Um jetzt festzustellen, wie viele Punkte du erzielt hast, würfle einmal und lies auf folgender Tabelle ab:

1	10 Punkte
2	15 Punkte
3	20 Punkte
4	25 Punkte
5	30 Punkte
6	35 Punkte

Nun wirft Hella, auch ihr Messer, von sicherer Hand geschleudert, trifft die Scheibe. Würfle noch einmal, um festzustellen, wie viele Punkte Hella erreicht:

1	10 Punkte
2	20 Punkte
3	20 Punkte
4	30 Punkte
5	30 Punkte
6	40 Punkte

Wenn du mehr Punkte erzielt hast als Hella, kannst du dir deinen Einsatz gutschreiben. Wenn nicht, mußt du dir die gesetzte Summe auf deinem Fantásia-Bogen abziehen. Suche dir nun einen neuen Gegner aus. Wenn dies dein dritter Wettkampf war oder wenn du nicht weiterwerfen möchtest, gehe zurück zu **200** und triff eine neue Wahl. Wenn dies deine *fünfte* Wahl ist oder du keine Lust hast, weitere Teile der Stadt zu erforschen, lies weiter bei **205**.

25

Ohne zu zögern, wirfst du dich in das nächste Gebüsch und deckst dich geschickt mit ein paar Zweigen und Blättern zu. Durch deine Tarnung hindurch siehst du vier aufgeregte Meuchlinge vorbeilaufen. Du wartest noch einige Zeit und gehst dann vorsichtig auf Schmolls Burg zu.

Du erreichst die Zugbrücke ohne Zwischenfälle und bist froh, als diese heruntergelassen wird. Du betrittst die Burg und wirst von einem Waffenknecht empfangen. Dieser geleitet dich zum Thronsaal des alten Baron Schmoll. Lies weiter bei **50**.

26

Du beißt die Zähne zusammen und gehst weiter auf das Licht zu. Das Atmen fällt dir jedoch immer schwerer, du mußt heftig schnaufen, um noch Luft zu bekommen. Schließlich tut sich vor dir eine riesige Höhle auf, in deren Wänden drei riesige rote Steine ein unheimliches Licht verbreiten. Dein Blick fällt auf drei Skelette, die einstmals riesigen Wesen gehört haben müssen. In der Mitte der Höhle siehst du ein dunkles Loch. Eine seltsame Vorstellung, daß jemand so tief unter der Erde einen Brunnen ausgehoben hat... In diesem Raum befindet sich so gut wie kein Sauerstoff, du atmest schnell und tief. Enttäuscht stellst du fest, daß dieser Weg dich nicht in die Freiheit führt. So schnell wie möglich torkelst du zurück zur Kreuzung. Leg einen Stärketest ab. Wenn er mißlingt, streich dir einen Intelligenzpunkt weg: Sauerstoffmangel hat sehr ungünstige Auswirkungen auf das menschliche Gehirn. Wenn dir der Stärketest gelingt, bist du widerstandsfähig genug und erreichst die Kreuzung unbeschadet. Lies weiter bei **5**.

27

Schmoll sitzt auf einem seltsamen Thron, und es scheint, als hätte er mit deinem Erscheinen gerechnet. Du berichtest ihm schnell, was vorgefallen ist, und fragst, ob Follfox die rettenden Blitze gegen die Meuchlinge geschickt hat. Der Baron erzählt, daß dies nicht Follfox, sondern dessen Lehrling gewesen sei.

Dann hörst du die Geschichte vom Verrat des Magiers Follfox, der sich mit dem Bösen verbündet hat. Follfox hat seine gesamte Macht eingesetzt, um eine riesige Armee von Meuchlingen aus den tiefsten Höhlen der Trauergrotte herbeizurufen. Eines Nachts sind diese dann mit ihrem neuen Meister ausgezogen. Ihr Ziel ist der Hof des Königs. Lies weiter bei **42**.

28

Yyuckk! Dies war zweifellos keine gute Wahl. Laute Geräusche dringen aus deinem Bauch. Dir wird schwindlig, alles um dich herum beginnt immer schneller und immer schneller zu kreisen. Als es wieder aufhört, hat deine Intelligenz jedoch etwas gelitten. Zieh dir einen Punkt in dieser Eigenschaft ab. Wenn du ein anderes Fläschchen probieren willst, geh zurück zu Station **35** und triff eine andere Wahl. Wenn du lieber keine weiteren Getränke zu dir nehmen möchtest, um statt dessen lieber diesen Ort zu verlassen, lies weiter bei **77**.

29

Vorsichtig schiebst du dir eine grüne Beere in den Mund. Du stellst fest, daß diese kleinen Früchte köstlich schmekken, ungefähr wie eine Mischung aus Banane und Apfelsine.

Bei den grünen Früchten dieses Baumes handelt es sich um Flinkbeeren. Du darfst dir einen zusätzlichen Geschicklichkeitspunkt gutschreiben – was deine Chancen bei Geschicklichkeitstests erhöht.

Wenn du jetzt auch noch die blauen Beeren probieren willst, lies Sektion **6**. Wenn nicht, lies bei **90** weiter.

30

So schnell du kannst, rennst du auf die Burg zu, du stellst erfreut fest, daß das purpurrote Leuchten verschwunden ist. Du siehst auch, daß die Zugbrücke langsam heruntergelassen wird. Kaum ist die alte hölzerne Brücke am Boden angelangt, als du sie erreichst und mit letzter Kraft darüberläufst. Im selben Moment wird die Brücke wieder hochgezogen, und du hörst wütende Meuchling-Flüche von außerhalb der festen Burgmauern.
Ein Hofjunge eilt zu dir und hilft dir auf die Beine. Zusammen geht ihr in das Hauptgebäude, er bringt dich zum Thronsaal des alten Baron Schmoll. Lies weiter bei **50**.

31

Du zuckst im Schlaf zusammen und erwachst. Sofort fühlst du einen brennenden Schmerz im Nacken. Mit einem Ruck setzt du dich auf und siehst gerade noch, wie ein kleines rotes Wesen im Wald verschwindet. Dies war ein Traumvampir. Streich dir einen Stärkepunkt weg und lies weiter bei **8**.

32

Unter Aufbietung deiner ganzen Kraft gelingt es dir, dich mitsamt deiner Ausrüstung aus der Grube herauszuziehen. Du erleidest glücklicherweise keinen Schaden. Wenn du weiter den Waldweg entlanggehen willst, lies weiter bei **65**. Wenn du zurück zur Kreuzung gehen möchtest, um nach Osten zu gehen, lies weiter bei **18**.

33

Als du den Namen Jagga fallen läßt, wird das Gesicht des Dieners plötzlich sehr ernst. Er entschuldigt sich für sein Mißtrauen und bittet dich einzutreten. Er zeigt auf einen Stuhl und verschwindet hinter einem riesigen Vorhang aus rotem Brokat.
Nach kurzer Zeit erscheint der Kaufmann. In seiner rechten Hand trägt er ein Paket. Er bedankt sich für deine Warnung und gibt dir das Paket: »Das ist wohl das richtige für einen wandernden Abenteurer.«
Du öffnest das Paket und findest einen breiten Gürtel.
»Dies«, so spricht der Kaufmann, »ist ein Erinnerungsstück an die Zeiten, als ich selbst noch ein Abenteurer war: ein *Gürtel der Kraft!*«
Du bedankst dich und legst den Gürtel an. Sofort durchströmt dich ein angenehmes Gefühl.
Solange du den Gürtel trägst, darfst du 2 zu deiner Stärke addieren, sowohl bei Stärketests als auch im Kampf mit Monstern.
Du bedankst dich bei dem Kaufmann und freust dich, daß du nicht auf Jaggas Angebot eingegangen bist. Was sind hundert Goldmünzen gegen einen so mächtigen Gegenstand wie den *Gürtel der Kraft.* Du verabschiedest dich von dem Kaufmann und bedankst dich für sein großzügiges Geschenk.
Geh zurück zu **200** und triff eine weitere Wahl. Wenn dies deine *fünfte* Wahl ist oder du keine Lust hast, weitere Teile der Stadt zu erforschen, lies weiter bei **205**.

34

Aus irgendwelchen Gründen ziehst du es vor, in den Wald hineinzugehen. Es ist mittlerweile Nachmittag geworden. Du orientierst dich nach dem Stand der Sonne. Da du nach Süden willst, gehst du so, daß du die Sonne auf der rechten Seite hast. Du spazierst über das frische Moos und hältst Ausschau nach einem guten Platz zum Übernachten. Als du schließlich eine geeignete Lichtung gefunden hast, ist es schon fast dunkel geworden. Da wirst du auf eine dünne Rauchfahne aufmerksam. Was willst du tun?

Wenn du auf das Feuer zugehen möchtest, lies weiter bei **40**, wenn du in den mittlerweile ziemlich dunklen Wald hineingehen möchtest, um an einem anderen Platz zu übernachten, lies weiter bei **16**.

35

Du durchsuchst die Hütte und findest einen Schrank, in dem eine Reihe von seltsamen Fläschchen steht, die nicht beschriftet sind. Wenn du eines oder mehrere der Fläschchen austrinken möchtest, lies weiter bei der Nummer, die auf dem jeweiligen Fläschchen steht.

Wenn du lieber kein Risiko eingehen und die Fläschchen unberührt stehenlassen willst, lies weiter bei **77**.

36

Auf dem Schild steht in fast unleserlicher Schrift: Kroggs Hütte.
Geh zurück zu Sektion **8**.

37

Als du den halben Weg zu Schmolls Burg zurückgelegt hast, hörst du hinter dir lautes Geschrei. Eine kleine Gruppe von Meuchlingen hat dich entdeckt und verfolgt dich. Du kannst entweder loslaufen und versuchen, Schmolls Burg zu erreichen, bevor dich die Meuchlinge eingeholt haben: weiter bei **4**. Du kannst aber auch versuchen, dich zu verstecken und hoffen, daß dich die Meuchlinge nicht finden: weiter bei **41**.

38

Kaum hast du die Flüssigkeit getrunken, als dein Hals fürchterlich anfängt zu brennen. Dies ist ein Wunderelixier. Mach der Reihe nach einen Stärke-, einen Geschicklichkeits- und einen Intelligenztest. Dort, wo der Test nicht gelingt, schreib dir zwei Punkte gut. Gelingt der Test bei einer oder mehreren Eigenschaften, so darfst du dir trotzdem einen Punkt bei diesen Eigenschaften gutschreiben. Wenn du alle Tests abgelegt und die Gutschriften notiert hast, lies weiter bei **47**.

39

Du ignorierst den Schmerz in deinem Rücken und forderst den roten Tänzer auf, weiter zu erzählen. Doch bevor er seinen Mund öffnen kann, verlierst du das Bewußtsein. Du zuckst im Schlaf zusammen und erwachst. Sofort fühlst du einen brennenden Schmerz im Nacken. Mit einem Ruck setzt du dich auf und siehst gerade noch, wie ein kleines rotes Wesen im Wald verschwindet. Dies war ein Traumvampir. Streich dir drei Stärkepunkte und zwei Intelligenzpunkte weg und lies weiter bei **8**.

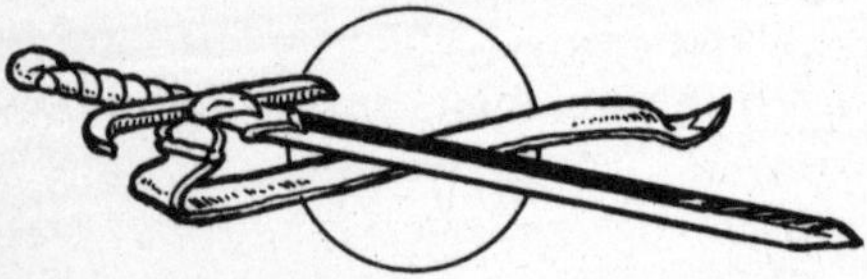

40

Du betrittst die Lichtung und näherst dich vorsichtig dem Lagerfeuer. Du siehst, daß einige kleine, gutgetarnte Zelte am Waldrand aufgeschlagen sind, und du hörst leise, hohe, wispernde Stimmen. Du kannst immer noch umkehren und dir einen anderen Platz zum Übernachten suchen: Lies weiter bei **16**. Wenn du doch zu den Zelten gehen willst, lies weiter bei **390**.

41

Leg einen Geschicklichkeitstest ab. Wenn er gelingt, lies weiter bei **25**. Sollte der Test fehlschlagen, lies weiter bei **84**.

42

Du bist sehr erschöpft und bittest den Herzog um eine Schlafstatt. Bald befindest du dich in einem kärglich eingerichteten, aber sauberen kleinen Raum. Du sinkst schnell in einen tiefen Schlaf. Alptraumbilder von einer riesigen Meuchlingarmee, die unaufhaltsam zum Schloß des Königs marschiert, quälen dich. Mehrmals wachst du schweißgebadet auf und starrst ängstlich in das dunkle Zimmer.

Den ganzen nächsten Tag überlegst du, was du nun machen sollst, als du plötzlich Lärm vom Burghof hörst. Du stürzt aus deinem Zimmer und siehst einen Mann mit zerfetzten Kleidern über den steinernen Burghof wanken. Mehrere Soldaten des Herzogs stützen den Mann, dessen Kleider an die eines Waldläufers erinnern. Du erkundigst dich, wer dieser Mann sei, und erfährst, daß es sich um einen Herold des Königs handelt.

Am Abend des gleichen Tages läßt dich der Baron erneut rufen. Du bist sehr aufgeregt, denn du bist sicher, daß dies mit dem Erscheinen des Herolds zusammenhängt. Als du den Saal betrittst, siehst du den Baron zusammen mit dem Herold an einem großen Eichentisch sitzen, in dessen Mitte eine geheimnisvoll aussehende Schriftrolle liegt, die mit einem mächtigen tiefblauen Siegel versehen ist.

Sie bitten dich Platz zu nehmen. Dann erzählen sie dir, daß der König den Herold ausgeschickt hat, um dem Statthalter von Tomkaga eine wichtige Nachricht zu überbringen. Der Herold wurde jedoch von einer Bande wilder Meuchlinge überfallen und dabei so schwer verletzt, daß er seinen Auftrag unmöglich zu Ende führen kann. Da der Baron keinen von seinen Soldaten entbehren kann, bitten sie dich, den gefährlichen Auftrag zu übernehmen: »Nur wenn du Tomkaga lebend erreichst und die Schriftrolle dem Statthalter überbringst, besteht

eine Chance, Follfox und seine Meuchlinge aufzuhalten.« Der Herzog nickt kurz in deine Richtung, du hörst hinter dir Schritte. Ein ältlicher Mann in einer glänzenden Rüstung betritt die Halle. In seinen Händen trägt er ein Samtkissen, auf dem eine große schwarze Klinge liegt. »Dies«, so spricht der Baron, »ist das *Schwert der Furcht.* Es ist eine magische Waffe, die dir bei allen Kämpfen helfen wird. Wenn du einen Gegner einmal damit triffst, wird ihn sofort eine furchtbare Angst ergreifen. Setze sie jedoch niemals gegen schwächere Wesen ein, die sich bereits fürchten! Paß gut auf diese Waffe auf...«
»...und darauf, daß du dich nicht selbst zu Tode erschreckst!« sagt der alte Waffenmeister und überreicht dir mit einem leicht sentimentalen Ausdruck das schwarze Schwert. »Dieses Schwert ist wahrlich ein feiner Gefährte, aber hüte dich davor, seine Macht auszunutzen. Wenn du ein Wesen damit schlägst, das schon echte Furcht vor dir zeigt, werden die Folgen furchtbar sein.«
An diesem Abend wird ein Festmahl zu deinem Abschied abgehalten. Doch als du nach diesem Abend satt und zufrieden zu Bett sinkst, kannst du nicht gleich einschlafen. Du stehst noch einmal auf und betrachtest nachdenklich das *Schwert der Furcht.* Ob diese Waffe, so mächtig sie auch sein mag, dir einen sicheren Weg zur Stadt Tomkaga sichern kann? Du weißt es nicht. Schließlich sinkst du doch auf dein Bett und schläfst in dieser Nacht fest und tief. Lies weiter bei **14**.

43

Yyuckk! Dies war zweifellos keine gute Wahl. Laute Geräusche dringen aus deinem Bauch. Dir wird schwindelig, alles um dich herum beginnt immer schneller und immer schneller zu kreisen. Als es wieder aufhört, stellst du fest, daß sich alle deine Eigenschaften vertauscht haben. Schreib dir deine alte Stärkepunktzahl bei Geschicklichkeit auf, deine Geschicklichkeitszahl bei Intelligenz und deine Intelligenzpunktzahl bei Stärke. Wenn du noch einen anderen Trank kosten willst, geh zurück zu Station **35** und triff eine andere Wahl. Wenn du lieber keine weiteren Getränke zu dir nehmen möchtest, um statt dessen lieber diesen Ort zu verlassen, lies weiter bei 77.

44

Du befindest dich auf dem Mond. Nein, keine Witze, so was passiert manchmal, wenn bei Teleportationstränken das Haltbarkeitsdatum abgelaufen ist und dem Konsument der Intelligenztest mißlingt. Yyuckk!!

45

Der Bedienstete ist von der konfusen Art deines Vortrages offensichtlich nicht sehr entzückt. Er ruft einen Hausdiener, gibt ihm die Anweisung, dich rauszuwerfen. Doch das ist nicht nötig. Du drehst dich um und verläßt den ungastlichen Ort. Geh zurück zu **200** und triff eine neue Wahl. Wenn dies deine *fünfte* Wahl ist oder du keine Lust hast, weitere Teile der Stadt zu erforschen, lies weiter bei **205**.

46

Noch während der rote Tänzer weiter damit beschäftigt ist, dir seltsame Geschichten aus deiner Zukunft zu erzählen, fühlst du plötzlich einen heißen Schmerz in deinem Rücken. Du versuchst dich zu bewegen und den langen Krallen des Wesens zu entkommen. Dieses zieht dich jedoch eng an seinen roten Körper und bittet dich, weiter zuzuhören. Willst du dem Wunsch des roten Tänzers nachkommen: weiter bei **39**. Oder möchtest du dich lieber von seinen Krallen befreien: weiter bei **3**.

47

Du verabschiedest dich von der alten Hexe und gehst zurück zur Straße, wo du sofort nach Süden abbiegst. Du mußt nun versuchen, Tomkaga so schnell wie möglich zu erreichen, wenn der Statthalter die Nachricht des Königs noch rechtzeitig bekommen soll. Lies weiter bei **55**.

48

Katabumm! Kaum hast du den Stöpsel der Flasche entfernt, als dir das Ding in der Hand explodiert. Zieh dir einen Stärkepunkt ab. Die anderen Flaschen sind heil geblieben. Wenn du noch einen der anderen Tränke probieren willst, geh zurück zu **35** und wähle eine Flasche, aus der du noch nicht getrunken hast. Wenn du genug von seltsamen Zaubertränken hast und lieber zurück zur Straße gehen willst, lies weiter bei **77**.

49

Du spazierst gemütlich den schattigen Waldweg entlang, die Sonne hat fast ihren höchsten Punkt erreicht, als unter dir plötzlich der Boden zusammenbricht. Du verlierst das Gleichgewicht und rutschst in die Grube, kannst dich aber gerade noch an einer Wurzel festhalten. Aus dem tiefen Loch in der Mitte des so harmlos aussehenden Weges starren dir lange, angespitzte Holzpfähle entgegen. Leg einen Stärketest ab. Wenn er dir gelingt, lies weiter bei **32**. Sollte er dir nicht gelingen, lies weiter bei **63**.

50

Schmoll sitzt auf einem seltsamen Thron, in dessen hoher Lehne sein Wappen eingeschnitzt ist. Du berichtest ihm schnell, was vorgefallen ist, und fragst, ob er die Hintergründe des Unglücks kennt.
Der Baron erzählt dir besorgt vom Verrat des Magiers Follfox, der sich mit dem Bösen verbündet hat. Follfox hat seine gesamte Macht eingesetzt, um eine riesige Armee von Meuchlingen aus den tiefsten Höhlen der Trauergrotte herbeizurufen. Eines Nachts sind diese dann mit ihrem neuen Meister ausgezogen. Ihr Ziel ist der Hof des Königs. Lies weiter bei **42**.

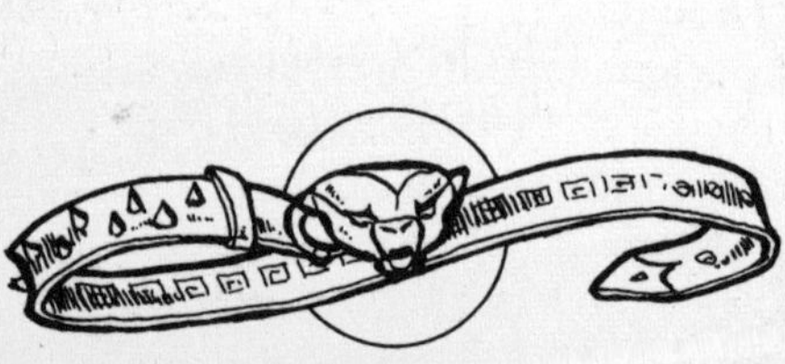

51

Der eine Bandit hat auf der Flucht seine Ledertasche fallen lassen. Du durchsuchst sie und findest eine Börse mit zehn Goldstücken. Notiere diesen Fund auf deinem Fantásia-Bogen. Du folgst vorsichtig dem Pfad, bis du die Straße erreichst. Um kein weiteres Risiko einzugehen, entschließt du dich, der Straße nach Süden zu folgen. Lies weiter bei **55**.

52

Du befindest dich wieder an der Kreuzung, von der aus du zur Hütte gelangt bist. Du mußt dich jetzt beeilen, wenn du Tomkaga rechtzeitig erreichen willst, um dem Statthalter die Nachricht des Königs zu übergeben. Lies weiter bei **55**.

53

Froh, bei lebendigem Leibe dieser Gefahr entronnen zu sein, rennst du davon, so schnell du kannst. Nach kurzer Zeit erreichst du eine Kreuzung, die dir bekannt vorkommt. Tatsächlich, hier liegt immer noch das Schild auf der Straße.

Du kannst jetzt dem Laufe der Straße nach Süden folgen. Dann lies weiter bei **55**.

Du kannst aber auch nach Westen ins hügelige Gelände gehen. Wenn du nach Westen gehen willst, lies weiter bei **18**.

54

Der Gnom gibt dir eine schallende Ohrfeige. »Sir, mit Verlaub, ich weiß, daß ihr kein Bewohner von Tomkaga seid. Versucht nicht, mich hereinzulegen.« Dabei schaut er dich angriffslustig an.
Du kannst den Gnom nun entweder angreifen oder versuchen, ihm eine andere Geschichte zu erzählen.
Wenn du ihn angreifen willst, lies weiter bei **64**.
Oder du erzählst ihm, daß du ein Bote des Herrschers des Gnomenreiches bist und daß der Gnomenlord wünsche, daß er seine Tochter heirate. Du sagst ihm, er soll sich sofort auf den Weg machen, da die Hochzeit in 7 Tagen prunkvoll gefeiert werden soll. Dabei zeigst du ihm kurz die Schriftrolle mit deiner Nachricht. Wenn dies deine Entscheidung sein soll, lies weiter bei **57**.
Du kannst ihm aber auch erzählen, daß du vom König mit einer wichtigen Botschaft zum Statthalter vom Tomkaga geschickt seist. Wenn dies deine Entscheidung, lies weiter bei **74**.

55

Nach zwei anstrengenden Tagesmärschen erreichst du das Stadttor. Vor dem großen, aus Granitblöcken gehauenen Eingang zu Tomkaga sitzt vor einem kleinen Wärterhäuschen eine seltsame Gestalt. Als sie dein Kommen bemerkt hat, rappelt sie sich auf und tritt dir entgegen. »Gestatten, Humboldt der Gnom, zu Ihren Diensten, Sir. Sir möchten nach Tomkaga, Sir?«
Als du nickst, fährt er fort: »Willkommen, willkommen, Sir! Dreißig Goldstücke kostet der Eintritt, darf ich um pünktliche Bezahlung bitten?«
Du brauchst nicht in deine Taschen zu schauen, um zu wissen, daß du nicht genügend Geld dabei hast, um den Gnom zu bezahlen.
Was willst du tun? Wenn du ihn angreifen willst, lies

weiter bei **64**. Wenn du versuchen willst, den Gnom dazu zu bringen, dich umsonst einzulassen, lies weiter bei **68**.

56

Der Magier durchschaut deinen Lederbeutel und findet schließlich die Schriftrolle, die du dem Statthalter von Tomkaga überreichen solltest. Mit einem erfreuten Grinsen versucht er das Siegel zu zerstören. Doch es scheint hart wie Eisen zu sein. Wütend beginnt der Magier Flüche auszustoßen – du merkst, wie die Wirkung seines Zauberspruches nachläßt. Als du dich wieder bewegen kannst, stürzt du dich mit aller Kraft auf den Zauberkundigen. Er hat eine Kampfkraft von 7. Solltest du ihn allerdings nicht in der ersten Runde treffen, so wird er einen Zauberspruch einsetzen, der dich permanent in seinen Bann bringt. Das bedeutet für dich, daß du in der Küche des zuständigen Meuchlingskochs endet...
Wenn du den Magier aber besiegst, kannst du die Schriftrolle wieder an dich nehmen: weiter bei **96**.

57

»Nein, wirklich, Sir?« fragt der Gnom aufgeregt und scharrt mit seinen Spreizfüßen im Sand. »Warum habt Ihr das nicht gleich gesagt, Sir, wenn Ihr das gleich gesagt hättet, Sir«, und seine Stimme überschlägt sich, während er redet, »nein, wirklich, Sir, ich muß sagen, das ist eine ausgesprochen gute Nachricht, Sir.«
Er läuft schnell in sein Wärterhäuschen und kommt mit einer grünen Kappe auf dem Kopf grinsend wieder heraus. »Auf Wiedersehen, Sir, und kommt mich einmal besuchen, wenn ich erst einmal verheiratet bin, Sir, ich freue mich schon drauf...« Mit diesen Worten entfernt sich der Gnom, und dir steht der Weg in die Stadt offen. Lies weiter bei **81**.

58

Frohgemut spazierst du durch die jetzt schon dunklen Straßen. Als du das Nordtor erreichst, siehst du plötzlich eine kleine wütende Gestalt auf dich zurennen. Um Himmels willen: der Gnom. Du siehst, wie er mit den Armen wedelt: »Sir! Das war nicht nett, Sir, nein, wirklich nicht nett, Sir.« Noch bevor du reagieren kannst, siehst du, wie der Gnom eine seltsame Geste macht und einige noch seltsamere Worte spricht.

Doch nichts passiert. Außer, daß du dich nicht mehr bewegen kannst und dir Äste, Zweige und Wurzeln aus dem Körper wachsen. »Ja, Sir, einen Gnom meines Formats schickt man nicht ungestraft zu einer Heirat, Sir, die gar nicht stattfindet, Sir. Sind wohl in die Öppelbahn geraten, Sir.« Und damit nimmt er dich unter den Arm, trägt dich zu seinem Wachhäuschen und pflanzt dich in seinen kleinen Garten.

ENDE

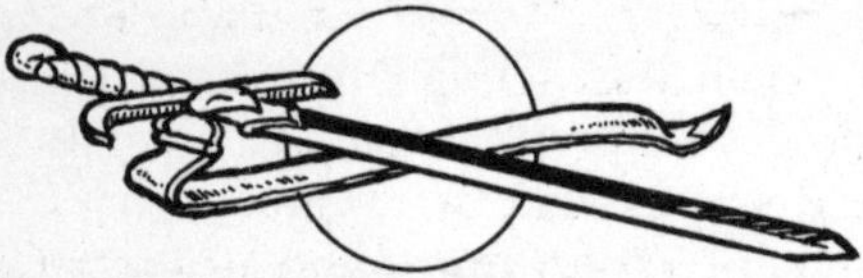

59

Pardauz! Alles um dich herum wird grell und hell. Die Flüssigkeit in dieser Flasche ist ein Teleportationstrank. Leg einen Intelligenztest ab. Wenn er dir gelingt, lies weiter bei **52**. Wenn nicht, lies weiter bei **44**.

60

Du entscheidest dich, deinen Weg im Wald fortzusetzen. Dort, so glaubst du, wirst du sicherer sein, denn die selbstherrlichen Meuchlinge benutzen bestimmt die Straße. Der Wald, durch den der Weg dich führt, ist anfangs gar nicht besonders dicht bewachsen. Am Wegesrand stehen viele dicke Laubbäume, während im Waldesinneren meistens Nadelbäume wachsen. Leg einen Geschicklichkeitstest ab, wenn er dir gelingt, lies weiter bei **9**. Sollte er mißlingen, lies weiter bei **49**.

61

Dies ist das berühmteste Wirtshaus von Tomkaga, die Taverne Zum Goldenen Drachen. Doch es ist nicht nur für seine gute Küche weit über die Stadtgrenzen hinaus bekannt, sondern auch, weil es der einzige Ort in Fantásia ist, an dem Glücksspiel legal ist.

Du betrittst die Taverne und betrachtest atemlos die unglaubliche Szenerie. Der Schankraum ist riesig, alle Arten von seltsamen Wesen sitzen an den Tischen und essen und trinken. In dem rechten Teil des Schankraums stehen alle Arten von Tischen, an denen Glücksspiel betrieben werden kann.

Wenn du dich an einen Tisch setzen willst, um einfach die Atmosphäre dieses einmaligen Ortes zu genießen, lies weiter bei **145**. Wenn du an den Glücksspielen teilnehmen willst und noch über Goldmünzen verfügst, lies weiter bei **263**.

Wenn du aber mit Wirtshäusern dieser Art nichts zu tun haben willst, geh zurück zu **200** und triff eine andere Wahl. Wenn dies deine *fünfte* Wahl ist oder du keine Lust hast, weitere Teile der Stadt zu erforschen, lies weiter bei **205**.

62

Als du den Stöpsel dieser Flasche entfernst, strömt dir ein überaus angenehmer Geruch entgegen. Du trinkst die Flüssigkeit und bemerkst zunächst keine Wirkung. Während du noch fragend auf die Flasche blickst, wird dir auf einmal klar, daß du unbedingt die alte Frau befreien mußt.

Du gehst zu ihr und entfernst Fesseln und Knebel. Die Frau schaut dir fröhlich in die Augen, und du weißt, daß deine eigentliche Aufgabe darin besteht, dieser vorbildlichen und sympathischen Kräuterhexe zu dienen. Du erzählst ihr, daß du aus einer der Flaschen auf ihrem Regal getrunken hast und daß du sehr glücklich bist, ihr in Zukunft dienen zu können. Sie schaut dich verständnisvoll an und gibt dir den Auftrag, die Hütte von den Spuren des verbrecherischen Meuchlings zu säubern. Du tust gern, was sie dir aufgetragen hat, und bleibst bis zum Ende deines Lebens ein folgsamer, aufrichtiger und stets hilfsbereiter Diener der Kräuterhexe...

ENDE

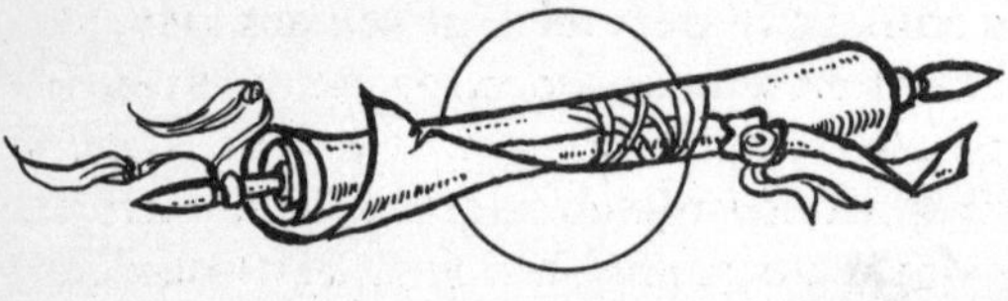

63

Du versuchst, dich aus der Fallgrube herauszuziehen, doch es gelingt dir nicht. Hilflos hängst du über den angespitzten Pfählen. Schließlich ermüden deine Finger, und du rutschst den unheilvollen Spitzen entgegen. Leg einen Geschicklichkeitstest ab. Wenn er dir gelingt, ver-

lierst du nur einen Stärkepunkt durch die Pfähle, ansonsten mußt du dir zwei Stärkepunkte abstreichen.
Unten in der Grube entdeckst du, daß ein dunkler Gang ins Innere hineinführt. Eine grauenvolle Wahrheit: Diese Grube ist nicht von oben ausgehoben worden, sie ist von unten nach oben gegraben worden. Da du nicht alleine hinausklettern kannst und auf fremde Hilfe nicht zu hoffen brauchst, beschließt du, vorsichtig in den dunklen Gang hineinzugehen. Du ziehst dein *Schwert der Furcht* und betrittst die Dunkelheit. Langsam und vorsichtig tastest du dich an den feuchten, schlammigen Höhlenwänden entlang. Nach einer kurzen Weile beginnt die Decke der Grube niedriger zu werden; du mußt dich bücken, um weiter voranzukommen. Plötzlich teilt sich der Gang. In weiter Ferne kannst du an beiden Gangenden Licht erkennen. Wenn du lieber den rechten Gang entlanggehen willst, lies weiter bei **70**. Wenn du dem linken Gang folgen willst, lies weiter bei **71**.

64

Du ziehst dein Schwert und stürmst auf den kleinen Gnom zu. Doch bevor du ihn erreichst, hüllt dich eine gelbfarbene Wolke ein. Wütend schlägst du in alle Richtungen, triffst jedoch nichts. Nach vier Atemzügen in dem Nebel wird dir sehr komisch. Doch trotzdem versuchst du weiterhin, den Gnom mit deinem Schwert zu treffen.
Als du schließlich außer Atem bist, lichtet sich der gelbe Nebel. Und du siehst einen riesenhaften Gnom vor dir. Du bist geschrumpft und höchstens noch eine Spanne groß. Der Gnom beugt sich zu dir hinunter und greift mit seiner jetzt monströs und furchtbar wirkenden Pratze nach dir. Du versuchst dein Schwert in seine Hand zu

stoßen, doch es gelingt der schwarzen Klinge nicht, die zähe Haut des Gnomes zu durchbohren.
Als der Gnom anfängt zu sprechen, platzt dir fast das Trommelfell: »Aha, Sir wollen Ihren Eintritt nicht bezahlen! Macht nichts! Mit so kleinen Münzen könnte ich ohnehin nichts anfangen. Nun, wo Sir jetzt so klein ist, kann er ja mit mir kommen. Ich lade ihn zu einem Umtrunk in meine bescheidene Hütte ein!« Mit diesen Worten packt dich der Gnom und trägt dich in sein Wärterhäuschen. Dir wird ganz schwindelig, wenn du in die Tiefe schaust.
»Nein, Sir«, dringen die unerträglich lauten Worte des Gnoms in dein Ohr, »nein, Ihre Schrumpfung kann ich nicht rückgängig machen. Aber das ist ja auch nicht weiter tragisch. Wir werden viel Vergnügen miteinander haben, Ihr könnt Wettrennen mit Mäusen machen und euch im Schwertkampf mit euren Vorgängern messen.«
Ob du jemals den Fängen des Gnoms entkommen kannst und deine richtige Größe zurückerlangen wirst? Kann schon sein! Auf alle Fälle ist das ein anderes Abenteuer . . .

ENDE

65

Nach kurzer Zeit hast du den Schreck, den dir die Fallgrube versetzt hat, überwunden und gehst einigermaßen gutgelaunt weiter. Allerdings achtest du sehr sorgfältig auf den Weg, und wann immer dieser etwas uneben aussieht, gehst du ein Stück am Waldrand entlang. Dann plötzlich hört der Weg auf. Wenn du einfach in den Wald hineingehen willst und keine Angst hast, dich zu verlaufen, lies weiter bei **34**. Wenn du lieber zur Kreuzung zurückgehen willst, lies weiter bei **66**.

66

Du kommst ohne Zwischenfälle wieder an der Kreuzung an und hast jetzt noch folgende Möglichkeiten:
Wenn du weiter der Straße folgen willst, lies weiter bei **55**.
Wenn du nach Westen gehen willst, lies weiter bei **18**.

67

Der Magier durchsucht deinen Lederbeutel, wirft deine Vorräte auf den Boden und findet schließlich den silberglänzenden Zylinder. Er öffnet ihn und wirft ihn dann enttäuscht weg. Dann verläßt er den Schuppen wieder, und du merkst, wie der Zauberspruch des Magiers langsam nachläßt. Als du dich wieder bewegen kannst, packst du schnell deine Sachen zusammen und öffnest die Tür. Sie ist unbewacht. Du siehst, daß du dich in einem Meuchlingslager befindest. Du erkennst, daß deine einzige Chance eine blitzschnelle Flucht ist. Mit aller Kraft rennst du von der Lichtung weg, auf der die Meuchlinge ihr Lager aufgeschlagen haben. Ein Meuchling, der den Lagereingang bewacht, stellt sich dir in den Weg. Er hat eine Kampfstärke von 11, da er die ganze Nacht nicht geschlafen hat, darfst du jedoch zwei Punkte von *seinem Wurf* abziehen.
Wenn du ihn besiegst, lies weiter bei **53**.

68

Der Gnom schaut dich erwartungsvoll an. Drei Geschichten fallen dir ein, die du ihm erzählen kannst:

1. Du kannst ihm erzählen, daß du vom König mit einer wichtigen Botschaft zum Statthalter von Tomkaga geschickt seist. Lies weiter bei **74**.
2. Du kannst ihm erzählen, daß du ein Einwohner der Stadt bist und noch niemals bezahlen mußtest, um in die Stadt zurückzukehren. Lies weiter bei **54**.
3. Du kannst ihm erzählen, daß du ein Bote des Herrschers des Gnomenreiches seist und daß der Gnomenlord wünsche, daß er seine Tochter heirate. Du sagst ihm, er solle sich sofort auf den Weg machen, da die Hochzeit in sieben Tagen prunkvoll gefeiert werden solle. Dabei wedelst du kurz mit der Schriftrolle. Lies weiter bei **57**.

69

Nachdem du deinen Einsatz dem Schiedsrichter übergeben hast, wirfst du das Messer auf die Scheibe. Leg einen Geschicklichkeitstest ab. Wenn er dir gelingt, hast du die Scheibe getroffen, lies weiter bei **228**. Wenn dir der Test mißlingt, lies weiter bei **240**.

70

In der Hoffnung, das Licht, auf das du zugehst, möge Tageslicht sein, gehst du durch den immer noch feuchten und schleimigen Gang. Doch je näher du dem Licht kommst, desto schwerer kannst du atmen. Schließlich wird die Luft so dünn, daß du dich entscheiden mußt, ob du weiter diesem Weg folgen willst oder lieber zur Kreuzung zurückgehst, um den anderen Weg zu probieren. Wenn du auf das Licht zugehen willst, lies weiter bei **26**. Wenn du lieber zurückgehen willst, lies weiter bei **5**.

71

Dieser Weg beginnt sich nach einigen Schritten zu verbreitern, auch die Decke wird höher, so daß du problemlos aufrecht gehen kannst. Plötzlich bleibt dein Fuß an etwas hängen: Du schlägst der Länge nach auf den matschigen, feuchtkalten Boden. Als du den Schreck überwunden hast, tastest du mit klammen Fingern nach dem Grund für deinen Sturz. Schließlich bekommst du eine Metallröhre zu fassen. Du schiebst sie zu der Schriftrolle mit der Nachricht für den Statthalter in deinen Lederbeutel und setzt deinen Weg fort. Als du weitere zwanzig Schritte gegangen bist, siehst du, um was für eine Lichtquelle es sich handelt. Du bist in einer anderen Fallgrube, allerdings ist diese noch bedeckt, doch durch die Blätter und Zweige dringen einige Sonnenstrahlen. Diese Fallgrube ist glücklicherweise nicht mit spitzen Pfählen ausgestattet. Es gelingt dir, mit dem Schwert einige Stufen in die Wand zu schneiden, und nach kurzer Zeit stehst du im Wald – und siehst in einiger Entfernung die Straße, auf der du gekommen bist.

Du ziehst den Metallzylinder aus deinem Lederbeutel und betrachtest ihn. Auf der einen Seite siehst du einen Deckel. Vorsichtig öffnest du ihn, doch das Rohr ist – zu deinem Erstaunen – leer. Da die Schriftrolle, die du dem Statthalter von Tomkaga übergeben willst, die gleiche Größe hat wie der Zylinder, versuchst du, sie hineinzustecken. Zu deiner Überraschung verschwindet die Schriftrolle in dem Moment, wo du sie in den Zylinder hineinsteckst. Du kannst sie jedoch noch fühlen, und als du sie herausziehst, wird sie wieder sichtbar. Notiere dir deinen Fund: ein magischer Zylinder.

Wenn du jetzt weiter den Waldweg entlanggehen willst, lies weiter bei **65**. Wenn du zurück zur Kreuzung gehen möchtest, um dort eine neue Entscheidung zu treffen, lies weiter bei **66**.

72

Das Wesen hat sich mit aller Kraft an deinem Hals festgekrallt und widersetzt sich standhaft allen Versuchen, es abzuschütteln. Schließlich gelingt es dir doch. Das Wesen flieht und verschwindet im Nebel, bevor du es mit der Klinge deines Schwertes treffen kannst. Du aber bist froh, wieder Luft zu bekommen. Lies weiter bei **76**.

73

Der ›Kaiser‹ hat eine Kampfkraft von 11 und fügt dir bei jedem Treffer drei Intelligenzpunkte Schaden zu. Krate, sein Assistent, hat ebenfalls eine Kampfkraft von 11 und fügt dir bei jedem Treffer drei Stärkepunkte Schaden zu. Wenn du die beiden besiegst, kannst du den Raum durchsuchen. Lies dann weiter bei **192**.

74

Der Gnom hatte noch nie im Leben eine größere Chance, sich wichtig zu machen. Er reißt dir deinen Lederbeutel weg und rennt blitzschnell in die Stadt hinein.
Du kannst jetzt die Stadt betreten, aber deine Nachricht ist verloren. Du bist nur froh, daß die Schriftrolle des Königs wenigstens ihr Ziel erreichen wird. Schnell machst du dich auf und gehst in die Stadt hinein. Lies weiter bei **85**.

75

Aus Vorsicht, man soll ja nichts essen, was man nicht kennt, läßt du die seltsamen Beeren unberührt. Du legst dich schlafen. Lies weiter bei **90**.

76

Du schaust dich schnell um, kannst aber keine weitere Gefahr erkennen. Trotzdem beschließt du, diesen unheilvollen Ort zu verlassen. Geh zurück zu **200** und triff eine andere Wahl. Wenn dies deine *fünfte* Wahl ist oder du keine Lust hast, weitere Teile der Stadt zu erforschen, lies weiter bei **205**.

77

Schnell verläßt du das Haus und machst dich auf den Weg zurück zur Straße. Dort schlägst du den Weg nach Süden ein, um so schnell wie möglich Tomkaga zu erreichen und dem Statthalter deine Nachricht zu übergeben. Lies weiter bei **55**.

78

Nachdem du deinen Einsatz dem Schiedsrichter übergeben hast, wirfst du das Messer auf die Scheibe. Mach einen Geschicklichkeitstest. Wenn er dir gelingt, hast du die Scheibe getroffen, lies weiter bei **143**. Wenn dir der Test mißlingt, lies weiter bei **240**.

79

Du ignorierst die Tür und steigst weiter die Stufen der Wendeltreppe hinunter. Nach einer halben Stunde – streich dir einen Stärkepunkt weg – kommst du schließlich an eine weitere Tür, die der ersten sehr ähnlich sieht. Wenn du durch die Tür gehen willst, lies weiter bei **266**. Wenn du weiter Treppensteigen möchtest, lies weiter bei **150**.

80

Kaum hast du die Flüssigkeit aus dieser Flasche getrunken, als du dich auf einmal viel kräftiger fühlst. Würfle einmal und addiere das Ergebnis zu deinem alten Stärkewert.
Wenn du einen weiteren Trank kosten willst, geh zurück zu Station **35** und triff eine andere Wahl. Wenn du keine weiteren Getränke zu dir nehmen möchtest, um stattdessen lieber diesen Ort zu verlassen, lies weiter bei **77**.

81

Die Stadt! Ohne dich viel umzuschauen, gehst du ins Zentrum und sprichst eine Wache an. Du erzählst dem älteren Offizier, daß du vom Baron Schmoll mit einer Nachricht für den Statthalter nach Tomkaga geschickt wurdest. Und daß die Nachricht vom König sei. Der Offizier fordert dich auf, ihn zum Statthalter zu begleiten, und du nimmst dankend an. Schließlich steht ihr vor einem eindrucksvollen, großen Gebäude, dessen Eingang von zwei gewaltigen Drachenstatuen bewacht wird.
Als der Sekretär des Statthalters herbeieilt, übergibst du ihm deine Botschaft. Sobald er das Siegel des Königs erkennt, wird seine Miene sehr freundlich. Er gibt dir einen Beutel mit zwanzig Goldstücken und bedankt sich für die Schriftrolle. Lies weiter bei **185**.

82

Der Traum: Du befindest dich in einem seltsamen Zimmer, dessen Steinwände über und über mit merkwürdigen Runen bedeckt sind. An den Wänden des Raumes befinden sich Zeichnungen mit sonderbaren Symbolen, die zum Teil furchteinflößend wirken.

Vor dir steht ein riesiger Schreibtisch, auf dem Dutzende von Schriftrollen verstreut sind. Außerdem siehst du die Statue eines schwarzen Raben und eine glitzernde Kristallkugel. Dahinter sitzt ein uralter Mann mit hoher spitzer Mütze und weißem Bart.
Er spricht dich an: »Sei gegrüßt, Abenteurer, der du im Wirtshaus Zum Gefüllten Krug in Tomkaga übernachtest. Ich bin Gassquix, der Magier des Königs. Niemand in der Stadt ahnt etwas, aber gestern ist der Statthalter von Tomkaga gestorben. Unser Gegner ist mächtiger, als wir angenommen haben. Er hat den Text auf der Schriftrolle in einen tödlichen Zauberspruch verwandelt.
Gestern hat der Statthalter das Siegel der Rolle erbrochen und den Text gelesen. Er ist jetzt tot, und die Stadt ohne Führung. Du bist unsere einzige Chance, das Übel, das vom 1. Diener des Bösen droht, zu bekämpfen.« – »Aber was kann ich tun?« fragst du den Magier. »Ich habe deine ganze Reise in dieser Kristallkugel verfolgt, ich weiß, daß du stark, geschickt und schlau genug bist, den 1. Diener des Bösen zu besiegen. Er haust in der Ruine des Unheils, knapp 50 Meilen südlich von Tomkaga. Er bezieht seine ganze Macht aus einer Kristallkugel, ähnlich jener, die hier auf meinem Arbeitstisch steht. Wenn es dir gelingt, sie zu zerstören, ist seine Macht gebrochen, und die Bewohner Fantásias können in Frieden weiterleben.«
»Und warum kannst du diese verdammte Kugel nicht vernichten, wenn du schon mächtig genug bist, um dich in anderer Leute Träume einzuschleichen?« fragst du.
Der Magier runzelt die Stirne und blickt dich traurig an. »Der 1. Diener des Bösen hat einen Bann auf mich gelegt. Zusammen mit Follfox, dem Hofmagier des alten Baron Schmoll, hat er mich in meinem Turmzimmer eingeschlossen. Wenn jemand kommt und nach mir fragt, so kann ich nicht sagen, daß man mich eingesperrt hat. Dies ist ein Teil des Bannes, der auf mir liegt.«

»Und wie komme ich zu der Ruine, von der Ihr spracht?« fragst du.
»Dies ist in der Tat keine einfache Aufgabe. Aber ich werde versuchen, dich zu führen und deine Schritte zu diesem Ort zu lenken, wenn du die Aufgabe annimmst.«
Als der alte Mann diese Worte gesprochen hat, verschwimmt der Raum mitsamt seinem Inhalt vor deinen Augen. Du erwachst, der kalte Schweiß steht dir auf der Stirn. Bis zum Morgen liegst du wach und rätselst über die Worte des Magiers.
Als die ersten Sonnenstrahlen durch die Fenster dringen, stehst du auf, packst deine Sachen zusammen und gehst hinunter in die Wirtsstube. Dort bekommst du ein üppiges Frühstück serviert. Kaum hast du den letzten Bissen hinuntergeschlungen und den letzten Schluck frischer Milch getrunken, als ein lautes Geläut dich auf den Platz vor dem Wirtshaus ruft.
Dort steht ein Mann in offizieller Kleidung und schwenkt eine Glocke. »Herbei, herbei, ihr Bewohner von Tomkaga, herbei, herbei.« Als der Platz sich mit Menschen gefüllt hat, zieht er eine Schriftrolle aus seinem Umhang hervor und beginnt eine Nachricht zu verlesen. Du erinnerst dich an deinen Traum, beginnst den Inhalt der Nachricht zu ahnen. Und tatsächlich berichtet der Bote vom Tod des Statthalters.
»Alle Tore der Stadt sind geschlossen, ein großes Unglück ist über uns Bürger von Tomkaga hereingebrochen. Der Statthalter ist heute nacht gestorben, ein grauenvolles Unheil sucht Tomkaga heim. Eine Armee von fürchterlichen Meuchlingen hat vor dem Stadttor ihr Lager aufgeschlagen. Noch haben sie nicht angegriffen, wir hoffen auf Gassquix, den Magier des Königs. Nur er kann die garstigen Mörder, die vor unseren Toren lauern, aufhalten und dem Übel Einhalt gebieten…« Lies weiter bei **200**.

83

Das Wesen hat sich mit aller Kraft an deinem Hals festgekrallt und widersetzt sich standhaft allen Versuchen, es abzuschütteln. Als es dir schließlich gelingt, flieht es, so schnell es kann. Du aber bist froh, wieder tief durchatmen zu können. Lies weiter bei **76**.

84

Du wirfst dich in das nächste Gebüsch und wartest bewegungslos auf die herannahenden Meuchlinge. Diese haben dein Versteck schnell erreicht. Du hast schon fast gedacht, du wärst entkommen, als einer der Meuchlinge dich in deinem Versteck entdeckt. Mit lautem Gebrüll alarmiert er seinen Kameraden. Insgesamt vier Meuchlinge greifen dich nun an. Der erste und offensichtlich der Anführer der Gruppe schlägt dir mit der flachen Seite seines Schwertes gegen den Kopf, du fällst bewußtlos zu Boden. Die Meuchlinge schleppen dich in ihr Lager. Sie nehmen dir deine gesamte Kleidung und deinen Dolch und werfen dir ein paar schmutzige Lumpen hin. Du wirst für den Rest deines Lebens dem Koch der Meuchlinge als Küchenjunge dienen müssen.
Wenn es dir nicht gelingt zu fliehen, aber dies ist ein anderes Abenteuer...

ENDE

85

Als du das Zentrum der Stadt erreicht hast, siehst du dich verwundert um: alles ist so groß und so prächtig, selbst die Obsthändler am Straßenrand sehen hier nicht schmutzig, sondern vornehm und gebildet aus. Von der langen Reise bist du müde und hungrig. Du erinnerst dich froh an die 10 Goldstücke, die dir der Baron mit auf den Weg gegeben hat. Im Wirtshaus zum vollen Krug

erhältst du für ein Goldstück eine warme Mahlzeit und ein Bett.
Bald liegst du auf den weichen Kissen und ziehst dir die warme Decke bis über die Ohren. Doch in dieser Nacht hast du einen seltsamen Traum. Lies weiter bei **82**.

86

Dies ist der Friedhof von Tomkaga, du siehst auf den ersten Blick, daß er vernachlässigt und ungepflegt ist. Dieser Teil der Stadt ist menschenleer. Ein übler Geruch dringt zu dir herüber. Wenn du den Friedhof trotzdem betreten und besichtigen willst, lies weiter bei **105**. Wenn du diesen Ort lieber verlassen willst, geh zurück zu **200** und triff eine andere Wahl. Wenn dies deine *fünfte* Wahl ist oder du keine Lust hast, weitere Teile der Stadt zu erforschen, lies weiter bei **205**.

87

Mit lautem Krachen brichst du durch den verfaulten Boden des Zimmers. Und starrst direkt in zwei glücklich leuchtende Augen eines alten Mannes.
»Endlich!« krächzt dieser mit brüchiger Stimme. »Endlich hat mich jemand gehört. Ich bin erlöst.« Der alte Mann dreht sich um, und in dem trüben Licht, das durch die geborstenen Bretter, durch die du eben gefallen bist, hereindringt, kannst du erkennen, wie er fröhlich weghüpft, dabei mit den Armen wedelt und immer wieder schreit: »Ich bin erlöst! Ich bin erlöst!«
Du willst ihm gerade folgen, als du merkst, daß jeder Muskel in deinem Körper wie eingefroren ist. Du kannst dich nicht bewegen. Du versuchst zu schreien, doch nur ein leises Wimmern kommt über deine Lippen...

ENDE

88

Du erreichst einen Platz, der von den großen Ästen dreier riesiger Linden überdacht ist. An einem der breiten Baumstämme ist eine hölzerne Zielscheibe angebracht, mehrere Leute stehen davor und versuchen, sie mit Messern zu treffen.
Wenn du dich gern auch im Messerwerfen versuchen willst, lies weiter bei **7**. Wenn nicht, gehe zurück zu **200** und triff eine neue Wahl. Wenn dies deine *fünfte* Wahl ist oder du keine Lust hast, weitere Teile der Stadt zu erforschen, lies weiter bei **205**.

89

Du versuchst verzweifelt, dich gegen das hinterlistige Wesen mit den kleinen, kalten, klammen Fingern zu wehren, aber es gelingt dir nicht, dich von ihm zu befreien. Plötzlich spürst du einen brennenden Schmerz. Scheußliche scharfe und spitze Zähne haben sich in deinen Hals gebohrt. Zieh dir einen Stärkepunkt ab und entscheide noch einmal:
Du kannst versuchen, deinen Angreifer abzuschütteln. Leg einen Geschicklichkeitstest ab. Wenn er dir gelingt, lies weiter bei **83**.
Du kannst aber auch versuchen, deinen Gegner zu packen und ihn mit dem *Schwert der Furcht* zu erwischen. Leg einen Stärketest ab. Wenn er dir gelingt, lies weiter bei **72**.
Sollte der entsprechende Test fehlschlagen, lies weiter bei **99**.

90

Als du am nächsten Morgen erwachst, bekommst du zuerst mal einen großen Schreck. Du befindest dich nämlich nicht mehr unter einem großen Baum, sondern auf einem Bündel Stroh in einem Lagerraum. Seltsame Geräte hängen an den Holzwänden. Noch bevor du dazu kommst, dich näher umzuschauen, öffnet sich die Holztür des Raumes. Umrahmt von grellem Licht, siehst du die Umrisse eines seltsamen Wesens. Du springst auf, doch bevor du dein Schwert ziehen kannst, spricht die Gestalt einige unverständliche Worte, und du bist wie gelähmt. Du kannst keinen Muskel bewegen und siehst starr und ängstlich zu, wie sich die Gestalt dir nähert. Jetzt erkennst du, um wen es sich handelt: ein großer Magier mit einem langen schwarzen Bart steht vor dir. Er sieht dich interessiert an und greift nach deinem Lederbeutel.

Hast du die Spruchrolle in einem magischen Zylinder verstaut? Wenn ja, lies weiter bei **67**. Wenn nicht, lies weiter bei **56**.

91

Als du am nächsten Morgen erwachst, haben die Elfen schon fast das ganze Lager abgebrochen. Ihre leichten Zelte verschwinden in ledernen Tragbeuteln, drei Elfen sind damit beschäftigt, alle Spuren des Lagerfeuers zu beseitigen.

Der Anführer der Elfen erzählt dir, daß sie sich auf dem Weg zur großen Straße befinden. Du hast ihnen erzählt, du seist unterwegs nach Tomkaga. Sie verraten dir, daß diese Straße der einzige Weg zu dieser Stadt ist. Sie verbindet das Schloß des Königs mit Tomkaga, an ihrem Rande liegt auch Ellgor, das früher einmal dein Heimatdorf war und von den Meuchlingen ausgelöscht wurde. Sie begleiten dich noch bis zur Straße. Die Elfen ziehen weiter nach Norden, um zum Hof des Königs zu gelangen. Du bittest sie, schöne Grüße von dir auszurichten. Du selbst ziehst weiter nach Süden. Lies weiter bei **55**.

92

Nachdem du eine Weile durch die Straßen gegangen bist, kommst du an ein Gebäude, das offensichtlich die Schmiede ist.
Du bleibst interessiert stehen. Ein dicker Schmied schlägt mit einem riesigen Hammer auf ein Stück weißglühendes Metall.
Ein Geselle heizt mit einem ebenfalls riesigen Blasebalg das Feuer an. Als der Schmied dich sieht, läßt er den Hammer sinken und kommt mit einem breiten Grinsen auf dich zu.
»Seid gegrüßt, junger Herr, darf ich Euch eine Rüstung verkaufen?« Er umfaßt deinen Rücken mit seiner riesigen Pranke und schiebt dich in die heiße und trockene Schmiede hinein. Dort zeigt er dir eine Reihe von Rüstungen, die er gern verkaufen würde.
Er macht dir folgende Angebote:
»Hier, junger Herr, eine einwandfreie Rüstung, gebraucht zwar, doch tadellos und aus bestem Eisen. Gebt mir fünf Goldstücke, und Ihr dürft zwei von der Kampfkraft jedes Gegners, den Ihr bekämpft, abziehen. Da sie recht schwer ist, müßt Ihr bei Geschicklichkeitstest zwei zu dem Würfelergebnis addieren.«
»Oder hier, für den dickeren Geldbeutel, eine Rüstung aus Kabonium, auch gebraucht, aber extrem widerstandsfähig. Sie kostet zehn Goldstücke, Ihr reduziert aber die Kampfkraft jedes Monsters um drei Punkte. Obwohl sie Euch besser schützt, müßt Ihr bei Geschicklichkeitstest nur einen Punkt zu Eurem Würfelergebnis addieren.«
»Und dies, mein Herr, dies ist mein bestes Stück. Sie kostet zwanzig Goldstücke, ist aber brandneu und aus dem allerbesten Pugga von mir persönlich geschmiedet worden. Wenn Ihr diese Rüstung tragt, so dürft Ihr fünf von der Kampfkraft der Monster abziehen und bei Ge-

schicklichkeitstest ebenfalls nur einen Punkt zu Eurem Würfelergebnis addieren.«
Wenn du eine dieser Rüstungen kaufen willst, so streiche die entsprechende Anzahl Goldstücke von deinem Fantásia-Bogen. Du kannst auch versuchen zu feilschen. Wenn dir ein Intelligenztest gelingt, erhältst du folgende Vergünstigungen:

Bei der ersten Rüstung:	zwei Goldstücke.
Bei der zweiten Rüstung:	vier Goldstücke.
Bei der dritten Rüstung:	acht Goldstücke.

Geh nun zurück zu **200** und triff eine neue Wahl. Wenn dies deine *fünfte* Wahl ist oder du keine Lust hast, weitere Teile der Stadt zu erforschen, lies weiter bei **205**.

93

Dies ist ein sehr altes und ziemlich verfallenes Haus. Vor Tür und Fenster sind Holzlatten genagelt. Als du dich dem Haus näherst, hörst du von innen ein leises Wimmern. Wenn du nachschauen willst, von wem das Wimmern kommt, lies weiter bei **87**.
Wenn nicht, geh nun zurück zu **200** und triff eine neue Wahl. Wenn dies deine *fünfte* Wahl ist oder du keine Lust hast, weitere Teile der Stadt zu erforschen, lies weiter bei **205**.

94

Du findest ein Stück verfaulten Kräuterkäse und eine fast volle Flasche Rauchenfels-Steinbier. Du kannst deinen Fund mitnehmen, in diesem Fall notiere ihn auf deinem Fantásia-Bogen.
Auch wenn du dich entscheidest, ihn liegen zu lassen, geh zurück zur Kreuzung (Sektion **227**) und triff eine andere Wahl.

95

Die Sonne versinkt gerade zwischen den Häusern von Tomkaga. Wenn du die Stadt auf der Hauptstraße in Richtung Süden verlassen willst, lies weiter bei **300**. Wenn du die Stadt durch das Nordtor verlassen willst, lies weiter bei **58**.

96

Nachdem der Magier angsterfüllt weggelaufen ist, suchst du dir schnell deine Sachen zusammen, wirfst den Lederbeutel über die Schulter und fliehst.
Ein Meuchling, der den Lagereingang bewacht, stellt sich dir in den Weg. Er hat eine Kampfstärke von 11, da er die ganze Nacht nicht geschlafen hat, darfst du zwei Punkte von *seinem* Wurf abziehen. Er fügt dir bei jedem Treffer 1 Stärkepunkt Schaden zu.
Wenn du ihn besiegst, lies weiter bei **53**.

97

Am Ende der Treppe geht der Gang noch ein Stück weiter und endet dann in einer halbgeöffneten Tür. Du blickst hindurch und siehst auf den Innenhof der Ruine. An allen vier Ecken des Hofes erheben sich schwarze, finstere Türme. Es ist mittlerweile Nacht geworden. Von einem Turm dringt Licht zu dir hinunter. Ganz oben siehst du ein erleuchtetes Fenster. Eine üble Aura geht von diesem Ort aus, zäher grüner Schleim trieft die Turmmauer hinab.
Dies muß das Zimmer des 1. Dieners des Bösen sein. Du überquerst vorsichtig den Hof. Niemand ist zu sehen, und du kannst ungehindert den Turm erreichen. Du hast keine andere Wahl, als ihn durch die kleine runde Eingangstür zu betreten. Daß du es geschafft hast, so weit vorzudringen, erfüllt dich mit Zuversicht! Schreib dir einen Geschicklichkeitspunkt und einen Stärkepunkt gut. Lies weiter bei **370**.

98

Unter deinem Gewicht bricht der morsche Boden zusammen. Es gelingt dir aber gerade noch zur Seite zu springen und dich an einem Mauervorsprung festzuhalten.
Als du den Schrecken verdaut hast, stellst du fest, daß das Wimmern verstummt ist. Vorsichtig verläßt du das bruchreife Haus.
Geh zurück zu **200** und triff eine neue Wahl. Wenn dies deine *fünfte* Wahl ist oder du keine Lust hast, weitere Teile der Stadt zu erforschen, lies weiter bei **205**.

99

Weiter versuchst du verzweifelt, dich gegen das hinterlistige Wesen mit den kleinen, kalten, klammen Fingern und den scheußlich scharfen und spitzen Zähnen zu wehren, aber es gelingt dir auch diesmal nicht, dich von ihm zu befreien. Zieh dir einen Stärkepunkt ab und entscheide noch einmal.
Du kannst versuchen, deinen Angreifer abzuschütteln. Lege einen Geschicklichkeitstest ab. Wenn er dir gelingt, lies weiter bei **83**.
Du kannst versuchen, deinen Gegner zu packen und ihn mit dem *Schwert der Furcht* zu erwischen. Leg einen Stärketest ab. Wenn er dir gelingt, lies weiter bei **72**.
Sollte der abgelegte Test fehlschlagen, lies diese Sektion noch einmal.
Zieh dir für jeden weiteren fehlgeschlagenen Versuch einen weiteren Stärkepunkt ab.

100

Du öffnest vorsichtig die Tür und blickst in ein Zimmer, in dem eine fürchterliche Unordnung herrscht. Du siehst kaputte Fässer, leere, teils zerbrochene Flaschen, Trümmer von Einrichtungsgegenständen, auf denen viele kleine grüne Pilze wachsen. In der rechten hinteren Ecke des Zimmers stehen zwei Schreibtische, auf denen ein ähnliches, fast noch schlimmeres Chaos herrscht. Hier sind es Schriftrollen und Bilder, die sich zusammen mit Essensresten und sonstigem Abfall in wildem Durcheinander befinden. Hinter den Schreibtischen sitzen zwei menschliche Gestalten, die sich angeregt unterhalten.
Als sie dich erblicken, unterbrechen sie ihr Gespräch und laden dich mit einer auffordernden Handbewegung ein, hereinzukommen. Da die Gestalten nicht aussehen, als führten sie Böses im Schilde, näherst du dich ihren Schreibtischen. Die eindrucksvollere der beiden Gestalten stellt sich vor. »Ich bin der Kaiser der Ruine. Und dies ist Krate, mein Faktotum. Was führt dich zu uns?«
Angeekelt von den halbausgetrunkenen Flaschen und den vielen Speiseresten auf den Schreibtischen der Wesen, aber interessiert an deren Rolle in der Ruine, erzählst du ihnen, daß du auf der Suche nach dem 1. Diener des Bösen bist.
»Der? Der ist gerade unterwegs. Nachdem das Geschäft so gut läuft, möchte er sich vergrößern und eine weitere Ruine kaufen. Morgen müßte er wieder da sein. Ich habe morgen abend eine Audienz mit ihm vereinbart. Soll ich ihm was ausrichten?«
Du weichst zwei Schritte zurück. Sollten dies die Buchhalter des bösen Magiers sein? In den Schränken hinter den beiden Gestalten siehst du viele Schriftrollen. Ob auf ihnen die Geschichte des 1. Dieners des Bösen festgehalten ist?
Krate, das Faktotum, langt hinter sich und zieht eine ölige

Schriftrolle aus dem Regal. »Hier, mein Junge, füll doch mal diesen Antrag aus. Du bist dann Mitglied im DdB-Bund, dem Diener-des-Bösen-Bund.« Du weichst weiter zurück.
Doch da dich der ›Kaiser‹ und sein Assistent so liebevoll auffordernd anschauen, überdenkst du deine Entscheidung noch einmal.
Wenn du die Schriftrolle unterschreiben willst, lies weiter bei **172**. Wenn du den Raum lieber verlassen willst, geh zurück zur Kreuzung (Sektion **227**) und triff eine andere Wahl.
Wenn du versuchen willst, die Buchhalter des Bösen in die Flucht zu schlagen, lies weiter bei **73**.

101

Du drehst dich um und gehst den Pfad zurück. Plötzlich springen zwei bewaffnete Gestalten hinter einem großen Felsen hervor. Es sind zwei Banditen: Kampfkraft 13. Du mußt sie gleichzeitig bekämpfen. Zieh für jeden Treffer der Banditen einen Punkt Stärke ab. Wenn du sie besiegst, lies weiter bei **51**.

102

In der Morgensonne spazierst du weiter die Straße entlang. Die Landschaft wird hier immer wüster, und du hast den Eindruck, daß die Schwärze und Fäulnis, die auf den Büschen und Sträuchern lastet, nicht natürlichen Ursprungs ist.
Auf der rechten Seite des Weges erhebt sich eine Felswand, die immer höher und steiler wird, je weiter du kommst. Dann erreichst du einen Wasserfall. Er ist riesengroß und versperrt dir den Weg. Gerade als du den Wasserfall betrachtest und uberlegst, wie du daran vor-

beikommst, hörst du hinter dir ein lautes Geräusch. Du drehst dich um und siehst: den Diener des Dieners. Es ist ein großes Ungeheuer, das auf sieben knotigen Beinen langsam auf dich zuwankt. Unter seinen Tritten bebt die Erde. Aus seinem Maul kommt Feueratem.
Wenn du Haselmauszwergschrumpfpulver dabei hast, lies weiter bei **177**. Wenn du dich dem Ungeheuer zum Kampf stellen willst, lies weiter bei **153**. Wenn du in den Wasserfall hineinlaufen willst, lies weiter bei **239**.

103

Dieser Gang macht nach wenigen Schritten eine Biegung. Du gelangst zu einer Treppe. Du untersuchst sie vorsichtig, kannst aber keinerlei Fallen entdecken. Als du die Hälfte der Stufen hinter dir gelassen hast, siehst du in der rechten Wand eine grauenhafte Plastik. Sie zeigt eine Szene, in der sich zwei Meuchlinge gegenseitig mit langen Peitschen die Gesichter zerfetzen. An der linken Seite der Plastik befindet sich ein Hebel. Wenn du ihn hinunterdrücken willst, lies weiter bei **104**. Wenn du lieber deinen Weg durch die Ruine fortsetzen willst, lies weiter bei **97**.

104

Kaum hast du den Hebel betätigt, als sich in der Wand ein Loch öffnet, gerade groß genug, so daß du deinen Kopf hineinstecken kannst. Wenn du das tun willst, lies weiter bei **109**. Wenn nicht, setz deinen Weg bei **97** fort.

105

Du nimmst deinen ganzen Mut zusammen, schließlich ist es dir hier ziemlich unheimlich. Als du den Friedhof betrittst, quillt dir ein weißlicher und unangenehm riechender Nebel entgegen. Durch den Nebel hindurch kannst du die Grabsteine und in etwas größerer Entfernung ein kleines Gebäude erkennen. Du nimmst deinen ganzen Mut zusammen und gehst auf das Gebäude zu. Hinter verschmierten Scheiben kannst du eine schwache Lichtquelle ausmachen.

Ein eisiger Schreck durchfährt deine Glieder, als dich plötzlich von hinten etwas anspringt. Kleine, kalte Finger haben sich um deinen Hals gelegt – und drücken unnachgiebig zu.

Du hast zwei Möglichkeiten.

Du kannst versuchen, deinen Angreifer abzuschütteln. Leg einen Geschicklichkeitstest ab. Wenn er dir gelingt, lies weiter bei **83**.

Du kannst aber auch versuchen, deinen Gegner zu packen und ihn mit dem *Schwert der Furcht* zu erwischen. Leg einen Stärketest ab. Wenn er dir gelingt, lies weiter bei **99**. Sollte der abgelegte Test fehlschlagen, lies weiter bei **89**.

106

Niemand ist zu sehen. Du steigst die Stufen hinunter und folgst weiter dem Gang. Plötzlich dringt dir lautes Stöhnen entgegen. Vorsichtig schleichst du der Quelle des Stöhnens entgegen. Der Gang verbreitert sich nach einer Weile und endet schließlich an einer Art Geländer. Du blickst hinunter und siehst in einen riesigen Raum. Tropfsteine hängen in großer Zahl von der schleimigen Decke herunter und verbreiten ein widerwärtiges phosphoreszierendes Licht.

Was du unten siehst, verschlägt dir den Atem. Unzählige Meuchlinge wälzen sich über den feuchten Boden, dabei laut stöhnend. In der einen Ecke des Raumes steht ein Mann mit langer Kapuze und rotglühenden Augen. Er spricht seltsame beschwörende Worte. Neben ihm liegt eine Kristallkugel, von der ein übles Funkeln ausgeht. Du faßt dein *Schwert der Furcht* fester. Du weißt, daß du deinen letzten Gegner vor dir hast: den 1. Diener des Bösen.
Du schleichst vorsichtig an das Ende der Brüstung und siehst eine schmale Wendeltreppe, die hinunterführt. Sie sieht sehr glitschig aus. Trotzdem betrittst du sie. Leg einen Geschicklichkeitstest ab. Wenn er gelingt, lies weiter bei **146**. Wenn nicht, lies weiter bei **195**.

107

Mit aller Kraft schlägst du auf den bösen Magier ein. Doch dein Schwert dringt durch seinen Körper hindurch, ohne ihm auch nur den geringsten Schaden zuzufügen. Seine Gestalt beginnt zu flimmern und löst sich vor deinen Augen in Luft auf.
»Dummer Sterbling!« kommt ein unmenschliches Krächzen von der Stelle, wo der 1. Diener des Bösen noch soeben stand. Verzweifelt drehst du dich um und siehst Hunderte von Meuchlingen mit gesenkten Köpfen und ausgestreckten Armen auf dich zuwanken. Die halbfertigen Monster haben dich schnell entwaffnet. Noch bevor du irgend etwas zu deiner Verteidigung unternehmen kannst, trifft dich etwas am Hinterkopf.
Gut, daß du nicht mehr mitbekommst, was die Meuchlingsbrut mit dir veranstaltet...

ENDE

108

Der Seher runzelt die Stirn, als wäre er mit der Summe nicht gerade zufrieden. Er sagt: »Dies, mein Junge, ist nicht genug für einen Blick in die Zukunft, die so unbestimmt und unsicher ist wie deine. Aber ich will dir sagen, wie du zur Ruine des Unheils kommst. Verlasse die Stadt, indem du aus dem Osttor gehst. (Sektion **316**). Durch die Nebelsümpfe wird dich der Weg zur Behausung des 1. der Diener führen. Ein Freund hat mich gebeten, es dir zu sagen. Und damit du gegen diesen mächtigen Feind nicht ganz so hilflos bist, will ich dich ein bißchen stärker, geschickter oder intelligenter machen. Für jedes Goldstück, das du mir gegeben hast, darfst du dir einen Punkt in einer von dir gewünschten Eigenschaft gutschreiben.«

Er wünscht dir viel Glück und alles Gute für deinen gefährlichen Weg. Geh zurück zu **200** und triff eine weitere Wahl. Wenn dies deine *fünfte* Wahl ist oder du keine Lust hast, weitere Teile der Stadt zu erforschen, lies weiter bei **205**.

109

Du steckst den Kopf in die Öffnung in der Wand. Du blickst in ein namenloses Dunkel hinein – und erhältst einen Peitschenschlag ins Gesicht. Zieh dir einen Intelligenz- und einen Geschicklichkeitspunkt ab.

Du ziehst schnell deinen Kopf aus der Öffnung und verfluchst deine Neugier. Dann setzt du deinen Weg fort. Weiter bei **97**.

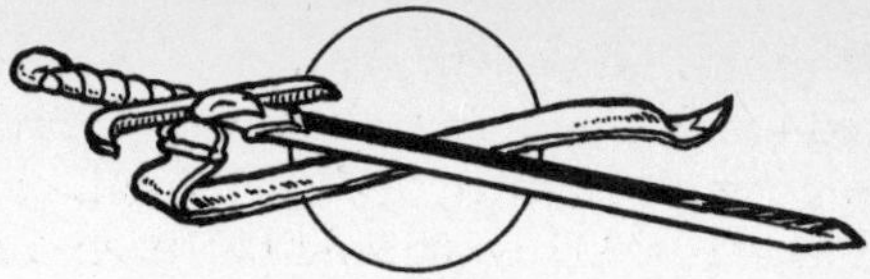

110

Du ignorierst die Tür und steigst weiter die Stufen der Wendeltreppe empor. Nach einer halben Stunde – streiche dir einen Stärkepunkt weg – kommst du schließlich an eine weitere Tür, die der ersten sehr ähnlich sieht. Wenn du durch die Tür gehen willst, lies weiter bei **114**. Wenn du weiter Treppensteigen möchtest, lies weiter bei **231**.

111

Nachdem der Staubteufel unter lautem Fluchen geflohen ist, betrachtest du den Inhalt der Kiste. In ihr liegt ein seltsames Gerät, dessen Sinn dir absolut schleierhaft ist. An seiner Vorderseite – wenn es die Vorderseite des Gerätes ist – befinden sich drei Knöpfe. Auf dem ersten siehst du den Kopf eines grinsenden Narren. Der zweite sieht aus wie ein nachdenkliches Gesicht, der dritte Knopf zeigt ein trauriges Mädchen.
Wenn du auf einen der Knöpfe drücken willst, lies weiter bei **221**. Wenn nicht, geh zurück zur Straße und setz deinen Weg fort. Lies weiter bei **162**.

112

Die Maschine beginnt zu rumpeln, die Zahnrädchen drehen sich – es knallt! Schreib dir drei Geschicklichkeitspunkte gut. Die Maschine ist zerstört, geh zurück zur Straße und lies bei **320** weiter.

113

Als du erwachst, erinnerst du dich sofort an die Worte des Magiers Gassquix. Um festzustellen, ob du dich noch an die Formel erinnern kannst, leg einen Intelligenztest ab. Wenn er dir gelingt, lies weiter bei **170**. Wenn er dir nicht gelingt, lies weiter bei **280**.

114

Du öffnest die Tür – und findest dich im Burghof wieder. Du bist wütend über die hinterhältigen Tricks deines Gegners. Geh zurück zu **149** und triff eine andere Wahl.

115

Unter äußerster Kraftaufbietung gelingt es dir, dich mitsamt deiner Ausrüstung aus dem Matsch zu ziehen. Du klammerst dich an einen Mauervorsprung, und schließlich schaffst du es, dich hinauszuziehen. Um dich herum ist alles finster. Du erkennst, daß du keine andere Möglichkeit hast, als um Hilfe zu rufen. Du schreist, was du kannst, und endlich hörst du von oben eine Stimme. Du bittest um ein Seil, und bald fällt eines zu dir herab. Du klammerst dich an das dicke Tau und läßt dich heraufziehen.

Deine Retter sind zwei Kaufleute, die zufällig an der *Kapelle der Strafe*, wie sie genannt wird, vorbeigegangen sind und deine Schreie gehört haben.

Du bedankst dich für ihre Hilfe und bist froh, der Gefahr entronnen zu sein. Geh zurück zu **200** und triff eine weitere Wahl. Wenn dies deine *vierte oder fünfte* Wahl ist oder du verständlicherweise keine Lust hast, weitere Teile der Stadt zu erforschen, lies weiter bei **205**.

116

Du mußt dich jetzt entscheiden, ob du die Wanderung im Wald fortsetzen willst. Wenn du dir einen Platz zum Übernachten suchen willst, lies weiter bei **128**.
Wenn du im Wald weitergehen möchtest, um so schnell wie möglich die Ruine des Unheils zu erreichen, lies weiter bei **312**.

117

Nachdem du deinen Einsatz dem Schiedsrichter übergeben hast, wirfst du das Messer auf die Scheibe. Leg einen Geschicklichkeitstest ab. Wenn er dir gelingt, hast du die Scheibe getroffen, lies weiter bei **24**. Wenn dir der Test mißlingt, lies weiter bei **240**.

118

Du duckst dich blitzschnell, hinter dir zerscheppert das Bierglas am Rücken eines anderen Gastes. Dieser dreht sich um und blickt dich einen Moment erstaunt an. Dann holt er zu einem gewaltigen Schwinger aus, unter dem du dich glücklicherweise schnell genug wegducken kannst. Im Nu ist eine Riesenkeilerei im Gange. Stühle werden zerbrochen und Tische zerschlagen.
Du versuchst, aus dem Menschen- und Monstergewimmel zu fliehen. Du bekommst zwar auch ein paar kräftige Hiebe ab, kannst das Wirtshaus aber verlassen, ohne echten Schaden zu nehmen. Geh zurück zu **200** und triff eine weitere Wahl. Wenn dies deine *fünfte* Wahl ist oder du keine Lust hast, weitere Teile der Stadt zu erforschen, lies weiter bei **205**.

119

Du schwimmst und schwimmst, hoffst, dich nicht im Kreis zu bewegen. Lies weiter bei **119** oder **189**.

120

Der Meuchling späht angestrengt ins Schilf, kann aber nichts finden, schüttelt den häßlichen Kopf und schließt die Tür wieder. Lies weiter bei **391**.

121

Vorsichtig schiebst du dir eine blaue Beere in den Mund. Du stellst fest, daß diese kleinen Früchte köstlich schmekken, ungefähr wie eine Mischung aus Bratwürsten und Weinschaum. Bei den blauen Früchten dieses Baumes handelt es sich um Intelligenzbeeren. Du darfst dir einen zusätzlichen Punkt in dieser Eigenschaft gutschreiben – was deine Chancen bei Intelligenztests erhöht.
Wenn du jetzt auch noch die grünen Beeren probieren willst, lies Sektion **2**. Wenn nicht, lies bei **90** weiter.

122

Nachdem der gefährliche Meuchling geflohen ist, durchsuchst du die Hütte. In einem Vorratsraum findest du eine gefesselte und geknebelte alte Frau mit einer langen gebogenen Nase und schrägen grünen Augen.
Wenn du die Frau von Fesseln und Knebeln befreien willst, lies weiter bei **23**.
Wenn du die Hütte weiter durchsuchen willst, um dich dann auf den Rückweg zur Straße zu machen, lies weiter bei **35**.

123

Geh zurück zu **200** und triff eine weitere Wahl. Wenn dies deine *fünfte* Wahl ist oder du keine Lust hast, weitere Teile der Stadt zu erforschen, lies weiter bei **205**.

124

Du öffnest die Schriftrolle und liest:

Niete.

Wenn du noch eine andere Schriftrolle kaufen willst, geh zurück zu **319**. Wenn du keine Schriftrolle kaufen möchtest, lies weiter bei **200**. Wenn dies deine fünfte Wahl ist oder du keine Lust mehr hast, andere Teile der Stadt zu erforschen, lies weiter bei **205**.

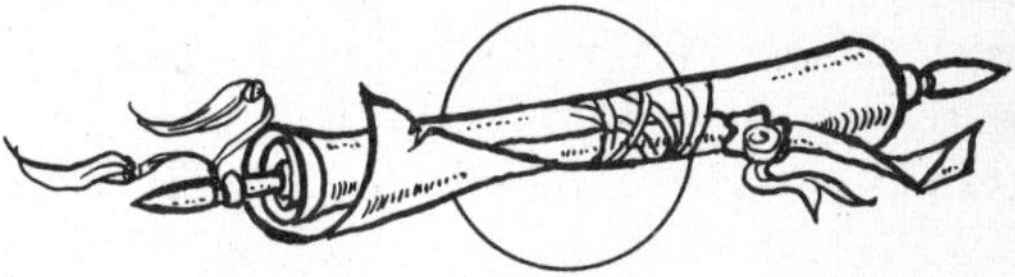

125

Die Tür geht auf, und ein Meuchling erscheint im Türrahmen. Er späht angestrengt ins Schilf, kann aber scheinbar nichts finden.

Plötzlich blickt er in deine Richtung, läßt einen Triumphschrei los und stürzt mit gezücktem Schwert auf dich zu. Du rappelst dich schnell auf und ziehst dein Schwert der Furcht. Der Meuchling hat wegen seines Rausches nur eine Kampfstärke von 9. Er fügt dir bei jedem Treffer 2 Stärkepunkte Schaden zu. Wenn du ihn besiegst, lies weiter bei **391**.

126

Dies ist ein Händler ›magischer und nichtmagischer, in jedem Fall aber nützlicher Waren‹, ein Gemischtwarenhändler, wo du verschiedene Dinge kaufen kannst. Der Händler freut sich darüber, einen möglichen Käufer gefunden zu haben, und gibt dir eine Liste mit all den Dingen, die er zum Kauf anbietet:

Stärketrunk	5 Goldmünzen
Stärketrunk (extra stark)	7 Goldmünzen
Geschicklichkeitstrunk	6 Goldmünzen
Geschicklichkeitstrunk (extra stark)	8 Goldmünzen
Intelligenztrunk	4 Goldmünzen
Intelligenztrunk (extra stark)	6 Goldmünzen
Wolfsbann (ein Büschel)	2 Goldmünzen
Übelwein	6 Goldmünzen
Flugtrank	1 Goldstück
Mönchskordel	2 Goldmünzen
Rübesam	1 Goldstück
Kranichbanane	3 Goldstücke
Mondkraut	7 Goldmünzen
Haselmauszwergschrumpfpulver	3 Goldmünzen

Wenn du einen oder mehrere der angebotenen Gegenstände kaufen möchtest, streich dir die angegebene Menge Goldmünzen weg.
Du fragst den Händler nach der Wirkung der Tränke, und er sagt dir stolz, daß er einen mächtigen Magier zum Freund habe. »Follfox, der Magier des alten Schmoll, ist früher öfters vorbeigekommen und hat mir diese Tränke bereitet. Wenn du sie trinkst, erhöhen sich deine Eigenschaftswerte um einen oder zwei Punkte, bei extra stark. Kaufst du aber beide Elixiere, so kannst du den Wert in dieser Eigenschaft um drei Punkte erhöhen. Mehr als zwei verschiedene Tränke darfst du aber nicht zu dir

nehmen, Follfox hat gesagt, daß dies niemand überstehen würde.«
Wenn du deine Einkäufe getätigt hast – notiere dir die gekauften Gegenstände auf deinem Fantásia-Bogen, geh zurück zu **200** und triff eine weitere Wahl. Wenn dies deine *vierte oder fünfte* Wahl ist oder du keine Lust hast, weitere Teile der Stadt zu erforschen, lies weiter bei **205**.

127

Du öffnest die Schriftrolle und liest:

Leider verloren.

Wenn du noch eine andere Schriftrolle kaufen willst, geh zurück zu **319**. Wenn du keine Schriftrolle kaufen möchtest, lies weiter bei **200**. Wenn dies deine fünfte Wahl ist oder du keine Lust mehr hast, andere Teile der Stadt zu erforschen, lies weiter bei **205**.

128

Es ist mittlerweile schon sehr dunkel geworden, so daß du einige Male über Äste und Wurzeln stolperst, bis du schließlich einen geeigneten Platz zum Übernachten findest. Du schläfst tief, im Traum erscheint dir erneut der Magier Gassquix. Er sieht äußerst ernst drein, und es scheint dir, daß sein Bart in der Zwischenzeit etwas grauer geworden ist. Schließlich hebt er zum Sprechen an: »Junge! Ich habe den ganzen Tag versucht dich zu erreichen, doch der 1. Diener des Bösen hat mit seiner schwarzen Macht verhindert, daß mein Geist zu dir gelangen konnte. Jetzt geht es, der 1. Diener scheint geschwächt. Es kann aber auch sein, daß er seine ganze Aufmerksamkeit einer anderen Sache gewidmet hat.

Warst du es, den sein *Auge* gesucht hat? Ich habe die Schwingungen dieses üblen Spruchs bis zum Königshof gespürt.«
Du nickst und erzählst ihm von den Fledermäusen, die sich zu dem monströsen Auge verbunden haben.
Gassquix schließt die Augen, als litte er unter großen Schmerzen. »Höre, ich weiß nicht, wie lange ich die Verbindung noch aufrechterhalten kann, ich merke, wie er mich zu stören beginnt. Wenn du dem Lauf der Straße weiter folgst, wirst du an einen Wasserfall kommen. Doch dieser Wasserfall ist nur eine Illusion, du kannst ruhig...« Dann bricht die Verbindung ab.
Du erwachst und merkst, daß es früher Morgen ist. Du reibst dir die Augen und gehst zurück auf die Straße. Lies weiter bei **102**.

129

Du gehst den Gang entlang und kommst zu einer Treppe, die nach unten führt. Vor deinem geistigen Auge erscheint plötzlich das Bild des Hofmagiers des Königs. Gassquix versucht dir etwas zu sagen. Doch du kannst ihn nicht hören. Der 1. Diener des Bösen verhindert noch immer den Kontakt. Du hast plötzlich das Gefühl, daß dich dieser Weg in das Verderben führt. Du hast aber auch das Gefühl, daß du auf diesem Weg zum 1. Diener des Bösen gelangen kannst. Wenn du lieber zurückgehen willst, lies weiter bei **227** und triff eine andere Wahl. Wenn du weitergehen willst, lies weiter bei **106**.

130

Die Tür zu diesem Turm ist einladend geöffnet. Du kannst dahinter eine Wendeltreppe erkennen, die sowohl nach unten als auch nach oben führt.
Wenn du nach oben gehen willst, lies weiter bei **266**.
Wenn du nach unten gehen willst, lies weiter bei **283**.

131

Fantastisch! Plötzlich erblickst du unter dir einen riesigen Goldberg. Diamanten, Saphire, Rubine und andere Edelsteine glitzern dir entgegen. Du siehst Kronen, Zepter, Perlen, Ketten, Geschmeide – so etwas ist sicherlich noch keinem Abenteurer passiert. Der Schatz, den du gefunden hast, ist unsagbar wertvoll.
Schreib dir so viele Schätze auf deinen Fantásia-Bogen, wie du willst, und lies weiter bei **292**.

132

Würfle solange, bis du eine 1 oder 2 würfelst. Addiere die Ergebnisse. Wenn du weniger als 20 Punkte erreichst, ist dein Einsatz verloren. Für jeden Punkt, den du über 20 erreichst, bevor du eine 1 oder 2 würfelst, darfst du dir eine weitere Goldmünze gutschreiben. Erreichst du aber mehr als 100 Punkte, erhältst du tausend Goldmünzen.
Der König der Kaddops hat der Sage nach eine Million Punkte erreicht, bevor er schließlich eine 2 würfelte. Dies hat ihm den Sieg über die Rülpsels eingetragen. Es konnte allerdings nie ermittelt werden, ob der Kaddop-König mit einem verzauberten Würfel gekämpft hatte...
Wenn du das Spiel hinter dir hast, beschließt du den Ort zu verlassen. Solltest du tausend Goldmünzen gewonnen haben, lies weiter bei **267**, ansonsten geh zurück zu **200** und triff eine weitere Wahl. Wenn dies deine *fünfte* Wahl ist oder du keine Lust hast, weitere Teile der Stadt zu erforschen, lies weiter bei **205**.

133

Du überlegst dir, daß einmal ein Weg zu diesem Dorf geführt haben muß. Also gehst du an den Balken des Palisadenzauns entlang.
Du findest tatsächlich die Reste eines Torbogens und blickst auf einen total zugewachsenen Feldweg, der nach wenigen Metern im Nebel versinkt. Dir bleibt keine andere Wahl.
Du schlägst den Weg ein. Dieser war ursprünglich sehr gut befestigt, so daß du ihm mühelos folgen kannst.
Nach drei Stunden Fußmarsch siehst du von weitem die Rauchfahnen von Herdfeuern aufsteigen. Lies weiter bei **371**.

134

Du betrittst das Haus durch die kleine Eingangstür und gelangst in einen kleinen, schwach erleuchteten Raum. Hinter einem Tisch mit allerlei seltsamen Geräten befindet sich ein kleines, schwächliches Männlein, das dich aus leeren Augenhöhlen interessiert anstarrt. Der Schreck zuckt durch deinen Körper wie ein entflohener Blitz. Mach einen Intelligenztest, wenn er dir mißlingt, verlierst du einen Intelligenzpunkt durch den Schock, den der Anblick des blinden Sehers verursacht hat.
Wenn du bleiben willst, um dir vom Seher die Zukunft vorhersagen zu lassen, lies weiter bei **193**. Ansonsten geh zurück zu **200** und triff eine weitere Wahl. Wenn dies deine *fünfte* Wahl ist oder du keine Lust hast, weitere Teile der Stadt zu erforschen, lies weiter bei **205**.

135

Du ignorierst die Tür und steigst weiter die Stufen der Wendeltreppe hinunter. Nach einer halben Stunde – streich dir einen Stärkepunkt weg – kommst du schließlich an eine zweite Tür, die der ersten sehr ähnlich sieht. Wenn du durch die Tür gehen willst, lies weiter bei **266**. Wenn du weiter Treppensteigen möchtest, lies weiter bei **79**.

136

Du stößt die Tür auf und siehst zwei Meuchlinge, die einander mit langen Peitschen ins Gesicht schlagen. Dahinter sitzt auf einem etwas erhöhten Stuhl eine seltsame Gestalt: groß, dünn, schleimig, grün, mit langen Pratzenarmen und dem Gesicht eines Jaguars. Dies ist ein Öppelmann-Mutant und damit beschäftigt, den beiden Meuchlingen Anweisungen zu geben.
Du kannst versuchen, schnell wieder zu verschwinden, bevor die Monster dich entdecken. Wenn dies dein Wunsch ist, lies weiter bei **208**. Wenn du versuchen willst, die drei Monster mit deinem Schwert in die Flucht zu treiben, lies weiter bei **154**.

137

Du horchst vorsichtig an der Holztür, kannst aber keine Geräusche hören. Als du durch die Tür trittst, kannst du sehen, daß neben der Truhe eine Schriftrolle liegt. Du betrachtest sie genauer. Um festzustellen, ob du lesen kannst, was auf die Schriftrolle geschrieben wurde, mach einen Intelligenztest. Wenn er dir gelingt (und nur dann!) geh zu **176**. Wenn er dir nicht gelingt, lies weiter bei **251**.

138

Du willst gerade den Raum durchsuchen, als dir von der Tür plötzlich ein fettes Gesicht entgegenglotzt. »Werbisten dudahande?« fragt die kugelige Gestalt. Du antwortest: »Ich bin ein neues Mitglied im DdB-Bund.« Das Gesicht verzieht sich zu einer Fratze. »Achsodahande«, sagt sie mit einem Ausdruck des Abscheus. »DdB-Bund. Danndahande . . .«
Die Gestalt schlurft davon. Du gehst jetzt lieber zurück zur Kreuzung (Sektion **227**) und triffst eine andere Wahl.

139

Mit aller Kraft führst du einen Hieb gegen die Kristallkugel. Doch dein Schwert dringt durch sie hindurch, ohne ihr auch nur den geringsten Schaden zuzufügen. Die Kugel beginnt zu flimmern und löst sich vor deinen Augen in Luft auf.
»Dummer Sterbling!« Grausam dringen die Worte des 1. Diener des Bösen aus seinem mundlosen Gesicht. Verzweifelt drehst du dich um und siehst Hunderte von Meuchlingen mit gesenkten Köpfen und ausgestreckten Armen auf dich zuwanken. Die halbfertigen Monster haben dich schnell entwaffnet. Noch bevor du irgend etwas zu deiner Verteidigung unternehmen kannst, trifft dich etwas am Hinterkopf. Es ist eine siebenhundert Pfund schwere gußeiserne Kehrschaufel. Welch unrühmliches

ENDE

140

Direkt unter dir öffnet sich ein bodenloser Abgrund. Dies bemerkst du allerdings erst, als du der schwarzen Tiefe entgegensaust. Durch den Aufprall verlierst du einen Stärkepunkt, denn du landest nicht auf hartem Boden, sondern im Matsch.
Versuch einen Stärketest, wenn er dir gelingt, lies weiter bei **115**. Wenn er dir nicht gelingt, lies weiter bei **165**.

141

Du horchst vorsichtig an der Holztür, kannst aber keine Geräusche hören. Als du durch die Tür trittst, kannst du sehen, daß neben der Truhe eine Schriftrolle liegt. Du schaust sie dir genauer an. Um festzustellen, ob du lesen kannst, was auf die Schriftrolle geschrieben wurde, mach einen Intelligenztest. Wenn er dir gelingt (und nur dann!) geh zu **233**. Wenn er dir nicht gelingt, lies weiter bei **262**.

142

Der Öppelmann-Mutant flüchtet, du drehst dich schnell zu den beiden Meuchlingen um. Doch diese machen keine Anstalten, dich anzugreifen. Sie fahren ungestört fort, sich die langen, stachelbewehrten Peitschen über den Körper zu ziehen. Du schluckst und wendest dich um. Lies weiter bei **304**.

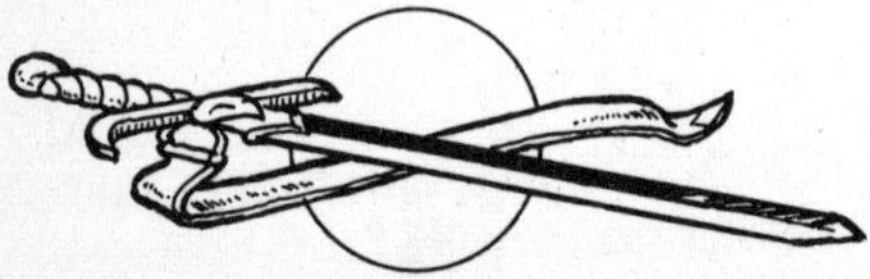

143

Um jetzt festzustellen, wie viele Punkte du erzielt hast, würfle einmal und lies auf folgender Tabelle ab:

1	10 Punkte
2	15 Punkte
3	20 Punkte
4	25 Punkte
5	30 Punkte
6	35 Punkte

Nun wirft Grompf: auch sein Messer trifft die Scheibe.

Würfle noch einmal, um festzustellen, wie viele Punkte Grompf erreicht:

1	10 Punkte
2	10 Punkte
3	20 Punkte
4	20 Punkte
5	30 Punkte
6	30 Punkte

Wenn du mehr Punkte erzielt hast als Grompf, kannst du dir deinen Einsatz gutschreiben. Wenn Grompf mehr Punkte erzielt hat als du, zieh dir die gesetzte Summe Goldmünzen von deinem Fantásia-Bogen ab. Du kannst dir jetzt einen neuen Gegner aussuchen. Wenn dieser dein dritter Wettkampf war oder wenn du nicht weiterwerfen möchtest, geh zurück zu **200** und triff eine neue Wahl. Wenn dies deine *fünfte* Wahl ist oder du keine Lust hast, weitere Teile der Stadt zu erforschen, lies weiter bei **205**.

144

Der zweite Becher schmeckt noch besser als der erste. Der Weinhändler erzählt dir von den vielen Reisen, die er in seinem Leben schon gemacht hat. Er war schon überall in Fantásia. Er warnt dich vor den riesigen Nebelsümpfen, aus denen schon viele Abenteurer nicht mehr herausgefunden haben. Er weiß von einer Ortschaft zu berichten, die von einer merkwürdigen Krankheit befallen worden sei, an der schließlich alle Einwohner gestorben seien. Er bietet dir noch ein Glas an.

Wenn du weiter trinken willst, lies weiter bei **187**. Wenn du genug hast, lies weiter bei **200**. Wenn dies deine *fünfte* Wahl ist oder du keine Lust mehr hast, andere Orte in Tomkaga zu erforschen, lies weiter bei **205**.

145

Berauscht von der Stimmung, die in dieser Taverne herrscht, setzt du dich an einen Tisch und läßt dir ein Glas dunkles Bier bringen. Während du es austrinkst, bekommst du Lust, doch an den Glücksspielen teilzunehmen. Wenn du jetzt doch spielen möchtest, lies weiter bei **197**. Wenn nicht, geh zurück zu **200** und triff eine weitere Wahl. Wenn dies deine *fünfte* Wahl ist oder du keine Lust hast, weitere Teile der Stadt zu erforschen, lies weiter bei **205**.

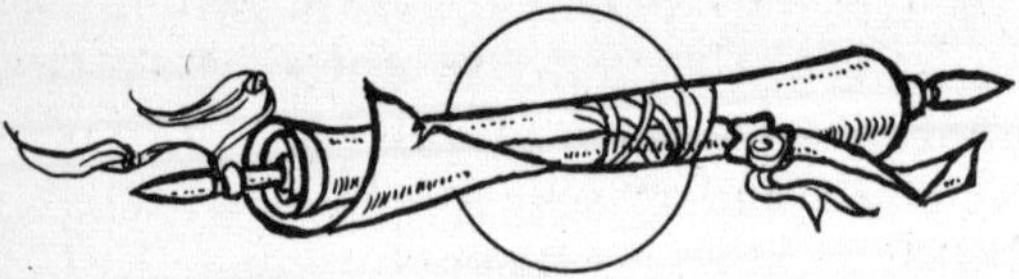

146

Obwohl die Treppe sehr glitschig ist, gelingt es dir, sie ganz hinunterzusteigen, ohne auszurutschen oder bemerkt zu werden. Du schleichst dich durch den Schatten an der Wand entlang, bis du nur noch zwanzig Schritte vom 1. Diener des Bösen entfernt bist. Dieser ist weiter damit beschäftigt, dunkle Zaubersprüche in den Raum zu senden. Du siehst, daß sich aus dem Schleim, der den ganzen Boden des riesigen Raumes bedeckt, immer neue Meuchlinge bilden. Plötzlich dreht sich der böse Magier zu dir um und starrt in dein Gesicht. Dir wird angst und bange, du verlierst einen Intelligenzpunkt. Der Magier macht eine kurze Handbewegung – vor deinen Augen entsteht ein großes rattenähnliches Wesen mit rotglänzenden Augen und langen scharfen Fängen. Dies ist eine Höllenratte. Sie hat eine Kampfkraft von 19 und fügt dir bei jedem Treffer zwei Stärkepunkte und zwei Geschicklichkeitspunkte Schaden zu. Wenn du die Ratte besiegst, lies weiter bei **194**.

147

So sehr du den Raum auch durchsuchst, du kannst nichts Interessantes finden. Als du den Raum gerade verlassen willst, siehst du an der Wand eine Karte Fantásias. Auf dieser Karte zeigen viele gelbe Nadeln den Standpunkt von Meuchlingen an. In der Karte stecken außerdem drei Wurfpfeile. Du untersuchst sie vorsichtig und bemerkst, daß eine magische Strahlung von ihnen ausgeht.
Dies sind drei Zauberpfeile. Sie treffen jeden Gegner automatisch und explodieren dann. Du darfst 5 von der Kampfkraft jedes Gegners abziehen, den du mit einem Zauberpfeil getroffen hast. Allerdings sagt dir eine kleine Notiz, die an einen der Pfeile geheftet ist: Nicht gegen den 1. Diener des Bösen einsetzen!
Unterschrift Kaiser Krate.
Notiere diesen wertvollen Fund auf deinem Fantásia-Bogen. Dann geh zurück zur Kreuzung (Sektion **227**) und triff eine andere Wahl.

148

Blitzschnell weichst du dem herannahenden Messer aus. Du nutzt die Überraschung der Diebe, um zu fliehen. So schnell du kannst, läufst du die Treppe empor, durchquerst den kleinen Vorraum. Schnell flüchtest du in die Straßen der Stadt. Als du sicher bist, daß dich niemand verfolgt, bleibst du erschöpft an einem Hauseingang stehen.
Wenn du den Kaufmann Pull warnen willst, lies weiter bei **258**. Wenn nicht, geh zurück zu **200** und triff eine neue Wahl. Wenn dies deine *fünfte* Wahl ist oder du keine Lust hast, weitere Teile der Stadt zu erforschen, lies weiter bei **205**.

149

Du kommst in den Hof der Ruine, die einstmals wohl eine mächtige – und schöne – Burg war. Jetzt lastet über den Gebäuden der Hauch des Üblen. Doch deswegen bist du hier: du willst Fantásia von dem widerwärtigen Wesen befreien, das sich 1. Diener des Bösen nennt.

Du siehst, daß in jeder der vier Ecken ein Turm steht. Alle vier Türme sind durch kleine Türen zu betreten. Entscheide dich!

Wenn du den Westturm besteigen willst, lies weiter bei **214**.

Wenn du den Ostturm besteigen willst, lies weiter bei **370**.

Wenn du den Nordturm besteigen willst, lies weiter bei **199**.

Wenn du den Südturm besteigen willst, lies weiter bei **130**.

150

Du ignorierst die Tür und steigst weiter die Stufen der Wendeltreppe hinunter. Nach einer halben Stunde – streich dir einen Stärkepunkt weg – kommst du schließlich an eine weitere Tür, die der ersten sehr ähnlich sieht.

Wenn du durch die Tür gehen willst, lies weiter bei **266**.

Wenn du weiter Treppensteigen möchtest, lies weiter bei **131**.

151

Du greifst dir willkürlich eine der Schriftrollen und beginnst zu lesen. Yyuckk!! Das war offensichtlich keine gute Idee. Die Texte sind so verworren und böse, daß du einen Intelligenzpunkt abziehen mußt. Was willst du jetzt tun?

Wenn du die schwarzen Vorhänge beiseite schieben willst, um einen Blick aus dem Fenster zu werfen, lies weiter bei **272**. Wenn du dir den Gegenstand anschauen möchtest, der mit dem schwarzen Tuch verhangen ist, lies weiter bei **337**.

152

Aufgeregt beobachtest du das spannende Rennen zwischen Claudia und Santa Maria. Santa Maria liegt noch knapp vorne. In letzter Minute springt Claudia mit einem gewaltigen Satz ins Ziel. Du darfst dir zweimal so viele Goldmünzen gutschreiben, wie du gesetzt hast. Wenn du an einem weiteren Glücksspiel teilnehmen willst, lies weiter bei **157**. Ansonsten geh zurück zu **200** und triff eine weitere Wahl. Wenn dies deine *fünfte* Wahl ist oder du keine Lust hast, weitere Teile der Stadt zu erforschen, lies weiter bei **205**.

153

Du ziehst dein Schwert und bereitest dich auf den schwersten Kampf deines Lebens vor. Doch du hast keine Chance gegen dieses Monster, denn es setzt seinen Feueratem ein – der dich bei lebendigem Leib röstet. Kurz bevor du das Bewußtsein verlierst, hörst du von irgendwoher ein unmenschliches Gekicher.

ENDE

154

Zuerst greift der Öppelmann-Mutant an. Er hat eine Kampfstärke von 14 und fügt dir mit jedem Treffer zwei Stärkepunkte Schaden zu. Wenn du ihn besiegst, lies weiter bei **142**.

155

Du betrittst das Haus eines Buchhändlers. Ein blasses altes Männlein mit einer verstaubten Nickelbrille sitzt an einem hohen Lesepult und liest in einem riesigen Wälzer. In den Regalen liegen Tausende von Schriftrollen, die größtenteils recht alt zu sein scheinen.
Da der Alte nicht auf dein Eintreten achtet, beginnst du in einigen der wild auf dem Boden verstreuten Schriftrollen und Büchern zu schmökern. Versuch einen Intelligenztest. Wenn er gelingt, lies weiter bei **167**. Wenn er dir nicht gelingt, lies weiter bei **215**.

156

Dies ist eine Kapelle. Einstmals muß sie giftgrün gewesen sein, jetzt jedoch ist die Farbe verblaßt, und sie sieht nur noch schmutzig, verfallen und auch etwas anrüchig aus. Wenn du sie betreten willst, lies weiter bei **271**. Wenn nicht, geh zurück zu **200** und triff eine weitere Wahl. Wenn dies deine *fünfte* Wahl ist oder du keine Lust hast, weitere Teile der Stadt zu erforschen, lies weiter bei **205**.

157

Du kommst zu einem Tisch, um den sehr viele Leute sitzen. Hier wird Millionel gespielt. Du erinnerst dich, daß dir dein Großvater erzählt hat, eine Partie Millionel hätte einst den Krieg zwischen Rülpseln und den blutdürstigen Kaddops entschieden. Der Mindesteinsatz ist zehn Goldmünzen, wenn du noch soviel bei dir hast und gern Millionel spielen willst, lies weiter bei **132**. Wenn du lieber auf ein Spiel mit so hohem Einsatz verzichten willst, geh zurück zu **200** und triff eine weitere Wahl. Wenn dies deine *fünfte* Wahl ist oder du keine Lust hast, weitere Teile der Stadt zu erforschen, lies weiter bei **205**.

158

Du ignorierst die Tür und steigst weiter die Stufen der Wendeltreppe empor. Nach einer halben Stunde – streich dir einen Stärkepunkt weg – kommst du schließlich an eine weitere Tür, die der ersten sehr ähnlich sieht. Wenn du durch die Tür gehen willst, lies weiter bei **114**. Wenn du weiter Treppensteigen möchtest, lies weiter bei **110**.

159

Nachdem der Staubteufel unter lautem Fluchen geflohen ist, betrachtest du den Inhalt der Kiste. In ihr liegt ein seltsames Gerät, dessen Sinn dir absolut schleierhaft ist. An seiner Vorderseite – wenn es die Vorderseite des Gerätes ist – befinden sich drei Knöpfe. Auf dem ersten steckt der Kopf eines fröhlichen Narren, der zweite sieht aus wie ein nachdenkliches Gesicht, der dritte Knopf zeigt ein trauriges Mädchen.
Wenn du auf einen der Knöpfe drücken willst, lies weiter bei **204**. Wenn nicht, geh zurück zur Straße und setz deinen Weg fort. Lies weiter bei **320**.

160

Du folgst dem Pfad. Im Lauf einiger Stunden Fußmarsch wird er immer unwegsamer.
Der Weg führt dich durch das Moor. Er endet direkt vor einem riesigen Felsen.
Plötzlich hörst du ein Rascheln im Schilf hinter dir. Bevor du dich noch umwenden kannst, fühlst du einen kleinen Stich im Genick. Du siehst, wie aus dem Schilf mehrere eigenartig bemalte, menschenähnliche Gestalten hervorkriechen. Auf ihren Stirnen haben sie Zeichnungen von schwarzen Insekten. Eine schwankende Gestalt hält ein langes Rohr vor ihren Lippen. Du bist auf einmal sehr, sehr müde, und läßt dich auf den weichen Moorboden fallen. Der Sumpfbewohner mit seinem Blasrohr sieht richtig komisch aus. Du mußt einfach lachen. Dann wird dir schwarz vor Augen. Lies weiter bei **362**.

161

Dies ist das Wirtshaus zum finsteren Öppelmann. Durch die kleinen Glasscheiben siehst du viele zwielichtige Gestalten, die an einer langen Theke stehen oder an vielen kleinen Tischen sitzen und trinken und essen. Wenn du das Wirtshaus betreten willst, lies weiter bei **201**. Wenn nicht, geh zurück zu **200** und triff eine weitere Wahl. Wenn dies deine *fünfte* Wahl ist oder du keine Lust hast, weitere Teile der Stadt zu erforschen, lies weiter bei **205**.

162

Weiter bei **181**.

163

Du findest einen Ordner mit Schriftrollen, mit denen der 1. Diener des Bösen seine Machtübernahme über ganz Fantásia ankündigt. Da du weißt, daß das niemals geschehen wird, darfst du dir zwei Intelligenzpunkte gutschreiben. Geh nun zurück zur Kreuzung (Sektion **227**) und triff eine andere Wahl.

164

Wie du's dir gedacht hattest. Die Ruine hat keinen weiteren Zugang außer der Zugbrücke. Doch was ist das? Kurz über dem Boden befindet sich ein Loch in der Wand. Hier liegt viel Unrat herum. Das Loch ist gerade groß genug, daß du hindurchkriechen kannst. Es ist allerdings sehr dunkel. Da du keine Fackeln bei dir hast, kannst du nicht erkennen, was hinter dem Loch ist.
Wenn du trotzdem hineinkriechen willst, lies weiter bei **273**. Wenn du lieber den ›Haupteingang‹ benutzen willst, lies weiter bei **190**.

165

Mit aller Kraft versuchst du dich aus dem Matsch herauszuziehen, doch es gelingt dir nicht. Du befindest dich in der Grube, in die die Verbrecher von Tomkaga geworfen werden. Doch diese Erkenntnis hilft dir nicht viel, denn es gelingt dir nicht, dieser Falle zu entkommen...

ENDE

166

Der Gang macht eine Biegung und endet kurz danach an einer Tür. Dahinter kannst du keinerlei Geräusche hören. Wenn du die Tür öffnen willst, lies weiter bei **136**. Wenn du lieber zurück gehen und dem Gang in der anderen Richtung folgen willst, lies weiter bei **304**.

167

Ein riesiger schwarzer Wälzer mit der Aufschrift: ›De Magia Obscura, Bdul al Husrad‹ erregt dein Interesse. Du liest von fürchterlichen Monstern, denen Tentakeln aus dem Gesicht hängen. Unter einer Abbildung eines dieser Monster liest du einen seltsamen Spruch: ›Kuu Sull Huu k' omm Iä! Schub-Nägg-U-Ratt'h!‹

Als du diese Worte leise wiederholst, merkst du, wie der alte Buchhändler erschreckt auffährt. Mit zwei Sätzen ist er bei dir: »Junger Herr, solches dürft Ihr nicht lesen, es ist für stärkere Seelen erdacht, als Ihr eine seid. Legt es wieder zurück, ich zeige Euch ein Werk, das viel interessanter ist und Euch nützen könnte.« Mit diesen Worten nimmt er dir das große schwarze Buch aus den Händen. Wenn du weiter in diesem Buch lesen möchtest und dem kleinen Männchen mit deinem Schwert das Fürchten lehren willst, lies weiter bei **217**. Wenn du dir das andere Buch zeigen lassen willst, lies weiter bei **237**.

168

Die Maschine beginnt zu rumpeln, die Zahnrädchen drehen sich – es knallt – und du darfst dir einen Intelligenzpunkt gutschreiben. Die Maschine ist zerstört, geh zurück zur Straße und lies bei **320** weiter.

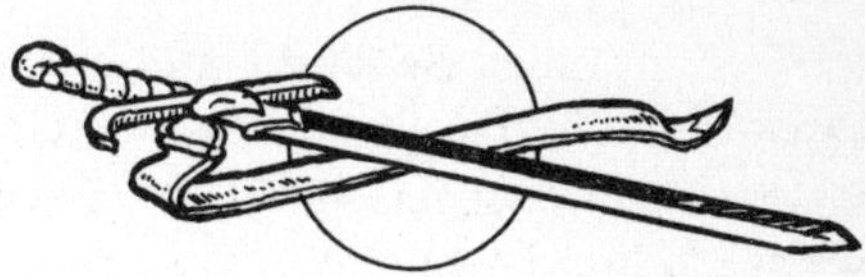

169

Du schwimmst und schwimmst, hoffst, dich nicht im Kreis zu bewegen. Lies weiter bei **219** oder **229**.

170

Als du die letzten Worte der Formel gesprochen hast, beginnt sich die ganze Welt um dich zu drehen. An dir vorbei sausen verschiedenfarbige Regenschirme. Auch wenn du nicht weißt, was Regenschirme sind, bist du sehr beeindruckt. Als der Wirbel vorüber ist, spürst du plötzlich festen Boden unter den Füßen.
Du reibst dir die Augen und kannst nicht glauben, was du siehst. Vor deinen Augen erhebt sich schwarz und monströs eine halbzerstörte Burg. Die Zugbrücke ist aus purem, rotloderndem Feuer. Dies muß sie sein, die Ruine des Unheils.
Du selbst befindest dich in einem Graben, direkt an der Straße, die zur Zugbrücke führt. Es ist später Nachmittag. Noch bevor du irgendeine Entscheidung treffen kannst,

hörst du einen lauten hohen Schrei aus der Burg. Wenn du nun über die Zugbrücke gehen willst, lies weiter bei **190**.
Wenn du dich zuerst einmal um die Ruine herumschleichen willst, lies weiter bei **164**.

171

Du kommst an ein großes Gebäude, an dessen Eingang mehrere eindrucksvolle Basaltsäulen stehen. Über dem wuchtigen Portal erkennst du einen Schriftzug

Tomkaga Stadtmuseum, gegr. 374

Du betrittst das Museum und kommst bald zu einem Eingangshäuschen, in dem eine verschlafene Gestalt sitzt. Als du dich dem Häuschen näherst, wacht die Gestalt auf und reibt sich die Augen. »Guten Morgen, junger Mann! Möchten Sie sich das Museum betrachten? Kostet nur zwei Goldmünzen Eintritt.«
Wenn du das Museum besichtigen willst und das nötige Kleingeld dabei hast, lies weiter bei **223**.
Wenn du nicht genug Goldmünzen dabei hast oder auf den Museumsbesuch verzichten willst, geh zurück zu **200** und triff eine neue Wahl. Wenn dies deine *fünfte* Wahl ist oder du keine Lust hast, andere Orte in Tomkaga zu erforschen, lies weiter bei **205**.

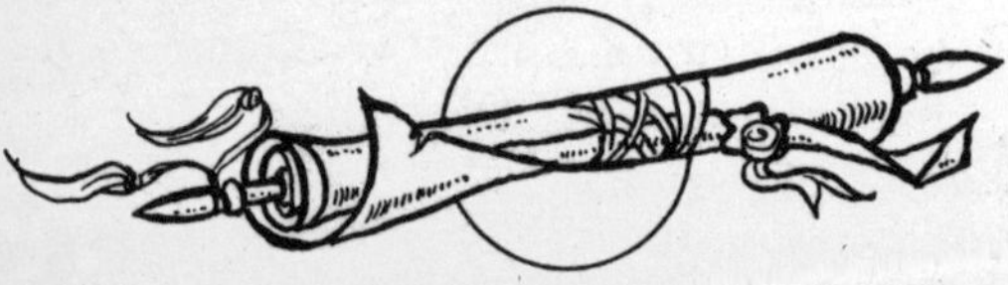

172

Krate das Faktotum reicht dir einen pilzüberwucherten Stift, du nimmst ihn vorsichtig entgegen und setzt deinen Namen unter das Dokument. Kaum hast du die Schriftrolle zurückgegeben, als Krate auf einmal anfängt wie wild in seinen Schriftrollen herumzuwühlen. Du beobachtest erstaunt, wie er sich daran macht, mehrere andere Schriftrollen auszufüllen, schließlich überreicht er dir eine pilzüberwucherte Urkunde und eine pilzüberwucherte Karte. »Gratuliere! Du bist jetzt Mitglied.« Dann brechen Krate und der ›Kaiser‹ in lautes, unartikuliertes Gelächter aus. Krate brüllt: »Voll in die Öppelbahn geraten, haha!« und hält sich den Bauch vor Lachen.
Du weißt, daß du an diesem Ort nichts mehr zu suchen hast. Geh nun zurück zur Kreuzung (Sektion **227**) und triff eine andere Wahl.

173

Das Buch interessiert dich ungemein. Darin werden nicht nur eigenartige Wesen beschrieben, es enthält auch faszinierende Zaubersprüche. Leise krächzt du die seltsamen Worte vor dich hin. Du kletterst auf das Schreibpult, rückst dir deine verstaubte Nickelbrille zurecht und liest weiter.
Du willst eigentlich nichts anderes, als weiter in diesen Büchern zu lesen und zu lernen.

ENDE

174

»Tja Jungchen, das tut mir leid, aber weglaufen lassen können wir dich nicht. Wer weiß, ob du uns nicht verraten willst! Komm, überleg's dir, mach mit, denk an die hundert Goldstücke – und was du dir alles dafür kaufen kannst!« sagt Jagga und blickt dich drohend an. Auch die anderen Gesellen mustern dich finster.

Wenn du doch zustimmen willst und den Dieben bei ihrem Überfall helfen möchtest, lies weiter bei **12**. Wenn du dich weigerst und versprichst, nichts zu verraten, wenn sie dich nur gehen lassen, lies weiter bei **182**.

175

Du durchstöberst die Asche, kannst aber nichts von Interesse finden. Plötzlich hörst du Schritte, dir kommt ein Meuchling entgegen. Kaum hat er dich gesehen, stürzt er sich auf dich. Er hat eine Kampfstärke von 12 und fügt dir bei jedem Treffer einen Stärkepunkt Schaden zu. Wenn du ihn in die Flucht geschlagen hast, lies weiter bei **227**.

176

Kaum hast du den Text durchgelesen, als dir klar wird, daß es sich hierbei um eine Zauberspruchrolle handelt. Und dies ist keinesfalls angenehm, denn das letzte Wort des Textes heißt: Wahnsinn! Die Rolle fällt dir aus der Hand. Bevor du für immer in den Fluten der Konfusion versinkst, wird dir klar, daß der 1. Diener des Bösen dich schließlich doch reingelegt hat.

ENDE

177

Du schluckst das Haselmauszwergschrumpfpulver. Es ist jedoch so trocken, daß du es kaum herunterbekommst. Schnell gehst du auf den Wasserfall zu und willst eine Handvoll Wasser schlucken. Voller Erstaunen merkst du, daß das Wasser deine Hand durchdringt. Eine Illusion also! Schnell, das Monster hat sich dir mittlerweile auf wenige Schritte genähert, springst du durch den rauschenden Wasserfall hindurch. Ohne auch nur von einem Tropfen naß zu sein, stehst du hinter dem Wasserfall. Du spuckst den Rest des Pulvers aus – merkst allerdings, daß du etwas kleiner geworden bist. Du bereitest dir eine Mahlzeit aus trockenem Brot und eingesalzenem Fleisch. Als du satt bist, hast du wieder deine normale Größe angenommen. Du kannst jetzt weitergehen – sicher, auf dem richtigen Weg zur Ruine des Unheils zu sein. Lies weiter bei **310**.

178

Nach fünfzehn Schritten macht der Gang eine scharfe Linkskurve, nach dreißig Schritten geht es wieder links ums Eck, nach weiteren dreißig Schritten folgt eine dritte Linkskurve, nach fünfzehn Schritten stehst du auf einer Kreuzung. Wenn du rechts abbiegen willst, lies weiter bei **368**. Wenn du links abbiegen willst, lies weiter bei **354**. Wenn du geradeaus weitergehen willst, lies weiter bei **394**.

179

Aufgeregt beobachtest du das spannende Rennen zwischen Claudia und Santa Maria. Santa Maria liegt noch knapp vorn. In letzter Minute springt Claudia mit einem gewaltigen Satz ins Ziel. Dein Einsatz ist verloren. Wenn du an einem weiteren Glücksspiel teilnehmen willst, lies weiter bei **157**. Ansonsten geh zurück zu **200** und triff eine weitere Wahl. Wenn dies deine *fünfte* Wahl ist oder du keine Lust hast, weitere Teile der Stadt zu erforschen, lies weiter bei **205**.

180

Du stolperst über tote Äste, manchmal hörst du eine Krähe schreien, sonst dringt kein Lebenszeichen durch den dicken Nebel. Vielleicht solltest du deine Richtung ändern. Wenn du geradeaus weitergehen willst, lies weiter bei **270**.

Wenn du rechts abbiegen willst, lies weiter bei **309**. Wenn du links abbiegen willst, lies weiter bei **397**.

181

Du gehst weiter die Straße entlang, alle Steine und Pflanzen sehen grau und tot aus. Alles kommt dir verhext vor. Dann siehst du auf der rechten Seite eine kleine Hütte am Wegesrand. Du schaust hinein und siehst, daß auf einem Tisch in der Mitte des Zimmers eine große Truhe steht. Willst du hineingehen, um dir die Truhe genauer anzusehen: weiter bei **137**. Oder willst du einfach weitergehen: weiter bei **162**.

182

Jagga zieht sein Messer und flucht: »So ein Irrtum!« Er wirft das Messer nach dir. Du versuchst auszuweichen. Mach einen Geschicklichkeitstest. Wenn er gelingt, lies weiter bei **148**. Wenn er nicht gelingt, lies weiter bei **245**.

183

Du gehst den Gang entlang und stehst schließlich vor einer Tür, hinter der lautes Gestöhne zu hören ist. Wenn du die Tür öffnen willst, lies weiter bei **100**. Wenn nicht, geh zurück zur Kreuzung (Sektion **227**) und triff eine andere Wahl.

184

Du kannst dich gerade noch an dem großen Türknauf festhalten, als du merkst, daß sich unter dir ein bodenloser Abgrund öffnet. Du hast viel Glück gehabt. Geh zurück zu **200** und triff eine weitere Wahl. Wenn dies deine *vierte oder fünfte* Wahl ist oder du verständlicherweise keine Lust hast, weitere Teile der Stadt zu erforschen, lies weiter bei **205**.

185

Als du wieder das Zentrum der Stadt erreicht hast, siehst du dich verwundert um: alles ist so groß und so prächtig, selbst die Obsthändler am Straßenrand sehen hier nicht schmutzig, sondern vornehm und gebildet aus. Von der langen Reise bist du müde und hungrig. Im Wirtshaus zum vollen Krug erhältst du für ein Goldstück eine warme Mahlzeit und ein Bett.
Bald liegst du auf den weichen Kissen und ziehst dir die warme Decke bis über die Ohren. Doch in dieser Nacht hast du einen seltsamen Traum. Lies weiter bei **82**.

186

Du kannst zwar nicht verstehen, was auf der Schriftrolle geschrieben steht, spürst jedoch eine starke und eindeutig böse Ausstrahlung. Schnell wirfst du die Schriftrolle auf ihren Platz zurück und entscheidest dich für eine andere Möglichkeit.

Wenn du die schwarzen Vorhänge beiseite schieben willst, um einen Blick aus dem Fenster zu werfen, lies weiter bei **272**.

Wenn du dir den Gegenstand anschauen möchtest, der mit dem schwarzen Tuch verhangen ist, lies weiter bei **337**.

187

Der dritte Becher schmeckt einfach köstlich. Der Weinhändler erzählt dir von der Zugbrücke aus purem Feuer, die der einzige Zugang zu einer eigenartigen Ruine sein soll.

»Da kommt keiner durch!« meint er und schüttelt den Kopf. Ob du nicht lieber bei ihm Gehilfe werden möchtest, fragt er dich und bietet dir noch einen Becher des köstlichen Weines an. Wenn du genug vom Wein hast, lies weiter bei **224**.

Wenn du weiterzechen willst, lies weiter bei **306**.

188

Als du aus der Wirtshaustür trittst, siehst du, daß die vier Meuchlinge tatsächlich auf dich warten. Sie brüllen »Schnappmach, jetzt, schnappmach!« Du ziehst dein Schwert und stellst dich zum Kampf. Die vier Meuchlinge haben eine Kampfstärke von 9, 10, 11 und 12. Du mußt alle vier gleichzeitig bekämpfen. Sie fügen dir bei jedem Treffer 1 Stärkepunkt Schaden zu. Wenn du den ersten getroffen hast und dieser flüchtet, verschwinden auch die anderen feigen Monster.

Wenn du sie so besiegt hast, lies weiter bei **288**.

189

Du schwimmst und schwimmst, hoffst, dich nicht im Kreis zu bewegen. Du bist ziemlich geschwächt. Zieh dir einen Stärke- und einen Geschicklichkeitspunkt ab. Lies weiter bei **209**.

190

Hast du Zwergenstiefel oder Rübsam dabei? Wenn ja, kannst du die Zugbrücke unbeschadet überqueren. Wenn nicht, verlierst du in jeder deiner drei Eigenschaften zwei Punkte! Lies weiter bei **149**.

191

Du bist noch keine fünf Schritte gegangen, als du den Umriß eines Meuchlings erkennen kannst. Er hat dich offensichtlich auch gesehen und stürmt auf dich zu. Er hat eine Kampfstärke von 12 und fügt dir mit jedem Treffer einen Stärkepunkt Schaden zu. Wenn du ihn besiegt hast, lies weiter bei **183**.

192

Nachdem der ›Kaiser‹ und sein Faktotum schreiend die Flucht ergriffen haben, durchsuchst du den pilzüberwucherten Raum. Da eine Suche in einem so unübersichtlichen und unordentlichen Raum Glücksache ist, würfle einmal. Bei einem Ergebnis von

1–2	lies **94**	5	lies **147**
2–3	lies **163**	6	lies **138**
4	lies **252**		

193

Du trittst langsam auf den Seher zu, der dich begrüßt: »Nimm Platz, Fremder, der du erfahren willst, was die Zeit, die vor dir liegt, an Gutem, Schlechten und Bösen birgt.« Als du dich hingesetzt hast, taucht für einen Augenblick hinter dem Seher die Gestalt des Hofmagiers Gassquix auf, der dir gestern im Traum erschienen ist. Der Seher zuckt kurz zusammen und bittet dich zuerst um ›etwas Gold‹. Wenn du ihn nicht bezahlen willst oder kannst, geh zurück zu 200 und triff eine weitere Wahl. Wenn dies deine *fünfte* Wahl ist oder du keine Lust hast, weitere Teile der Stadt zu erforschen, lies weiter bei **205**. Ansonsten schreib dir die Anzahl der Goldstücke ab, die du dem Seher gibst. Dann lies weiter bei **108**.

194

Die Ratte flüchtet quiekend, du nutzt die Überraschung des Magiers und springst auf ihn zu, das Schwert zum Schlag erhoben. Wenn du versuchen willst, den 1. Diener des Bösen zu töten, lies weiter bei **107**. Wenn du die Kristallkugel zerschlagen willst, lies weiter bei **139**.

195

Du hast kaum die Hälfte der Treppe hinter dir, als du auf einem Stück Schleim ausrutschst. Du kannst dich nicht mehr halten und schlitterst die Treppe hinunter. Beim Aufprall wirst du glücklicherweise nicht verletzt. Als du dich aufrappelst, siehst du, wie der 1. Diener des Bösen mit seinem dunklen Stab auf dich zeigt und dabei seltsame widerwärtige Worte murmelt. Das Blut beginnt in deinen Adern zu kochen – und du verlierst für kurze Zeit das Bewußtsein. Als du wieder aufwachst, siehst du ihn wieder vor dir, den 1. Diener des Bösen. Allerdings hast du überhaupt keine schlechten Gefühle ihm gegenüber. Im Gegenteil, du findest ihn sehr sympathisch. Du gehst zu den anderen Meuchlingen und brabbelst: »Alles Mensch ich totmach muß.«
Das Abenteuer endet hier für dich, obwohl du als Meuchling unter Meuchlingen sicherlich noch viele fröhliche Jahre mit deinem Meister verbringen wirst...

ENDE

196

Du wartest noch eine Weile. Schließlich gehst du zu einem der Fenster und blickst hinaus. Keiner der Meuchlinge ist mehr zu sehen. Geh zurück zu **200** und triff eine weitere Wahl. Wenn dies deine *fünfte* Wahl ist oder du keine Lust hast, weitere Teile der Stadt zu erforschen, lies weiter bei **205**.

197

Lies weiter bei **263**. Vorher aber wisse, daß du aufgrund deines Bierkonsums einen Bonus von +1 bei allen Glücksspielen hast, an denen du teilnehmen willst.

198

Der Vogel hat dich am rechten Arm gepackt und versucht dich wegzutragen. Du kannst mit deinem Schwert nicht zuschlagen. Mach eine Kraftprobe. Gelingt der Test, lies weiter bei **385**. Sollte die Kraftprobe mißlingen, lies weiter bei **324**.

199

Du stößt die Tür auf und siehst eine Wendeltreppe, die nach unten führt. An der Mittelsäule der Treppe sind Fackeln angebracht, die die Szenerie in fahles Licht tauchen. Du betrittst mutig die Wendeltreppe. Immer tiefer steigst du hinunter. Doch nachdem du eine Viertelstunde unterwegs bist, hast du noch immer keine Tür gesehen. Nach einer weiteren Viertelstunde fühlst du dich zerschlagen und müde. Als du eine Pause einlegen willst, merkst du, daß du nicht aufhören kannst, die Stufen hinunterzusteigen. Erfolglos versuchst du, dich einfach fallen zu lassen, doch es funktoniert nicht. Du mußt immer weiter und weiter gehen. Streich dir einen Stärkepunkt weg. Endlich siehst du eine Tür in der Wand. Wenn du durch die Tür gehen willst, lies weiter bei **266**. Wenn du lieber weiter Treppensteigen möchtest, lies weiter bei **135**.

200

Du wendest dich ab und beschließt zuerst einmal die Stadt zu erforschen, am Abend willst du dich dann im Schutz der Dunkelheit auf den Weg zur Ruine des Unheils machen.

Betrachte nun die Karte von Tomkaga auf Seite 109 dieses Buches. Bis zum Einbruch der Dunkelheit kannst du *maximal fünf* verschiedene Orte besuchen. Die einzelnen

Tomkaga
156
105
92
257
106
171
61
155
319
207
44
93
311
100

Orte sind mit Nummern gekennzeichnet. Wenn du beschließt, einen Ort zu erforschen, lies die Sektion, deren Nummer du auf der Karte findest. Dein Standort ist mit einem X bezeichnet. Wenn du fünf verschiedene Orte besichtigt hast, lies weiter bei **95**.

201

Du betrittst das Wirtshaus und stellst dich an die Theke. Dort bestellst du ein Bier und beobachtest die anderen Besucher des Wirtshauses. In einer Ecke siehst du vier Meuchlinge um einen Tisch sitzen. Sie sind vollkommen damit beschäftigt, ein rohes Stück Fleisch, das an einem seltsam gebogenen Knochen hängt, zu verspeisen. Dabei streiten sie laut darüber, wer die Rechnung bezahlen soll. Schließlich steht einer der Meuchlinge auf und blickt sich suchend im Raum um. Als sein Blick auf dich fällt, kommt er schnell auf dich zu und zerrt dich zum Tisch.
»Das Mensch soll entscheidde. Ssag schnell, welch von uns das Fleisch und die Bier zahlmuß.« Dabei sieht er dich auffordernd an. Was willst du tun? Wenn du auf einen der vier Meuchlinge zeigen und sagen willst, daß er die Rechnung bezahlen soll, lies weiter bei **285**. Wenn du mit dem Streit nichts zu tun haben willst, lies weiter bei **220**.

202

Leg einen Stärketest und einen Geschicklichkeitstest ab. Wenn beide gelingen, lies weiter bei **225**. Mißlingen *beide* Tests, mußt du aus der Röhre hinaus wieder zur Zugbrükke. Lies weiter bei **190**.

203

Nachdem du die Wendeltreppe zwanzig oder dreißig Stufen nach unten gegangen bist, hört diese plötzlich auf. Darauf bist du nicht vorbereitet. Du versuchst zwar noch dich festzuhalten, aber dies gelingt dir nicht. Du fällst in eine bodenlose Tiefe. Als der Aufprall kommt, bleibt dir das Herz für einige Sekunden stehen. Wasser! Du hast den Sturz überlebt. Du windest dich schnell aus deiner Rüstung heraus (streiche dir den Rüstungsschutz auf deinem Fantásia-Bogen weg) und schwimmst zur Oberfläche. Es ist stockdunkel, du kannst nichts von deiner Umgebung erkennen. Dazu ist es noch ziemlich kalt. Du schwimmst los: Lies bei **209** oder **219** weiter…

204

Entscheide dich für einen der Knöpfe und lies die Sektion, deren Nummer hinter dem abgebildeten Knopf angegeben ist.

fröhlich	weiter bei **168**
(mittel)	weiter bei **242**
(traurig)	weiter bei **112**

205

Du gehst zum Marktplatz von Tomkaga zurück und verbringst den Rest des Nachmittags damit, dich auszuruhen und dich auf deine schwere Aufgabe vorzubereiten. Schließlich hast du noch niemals einem so mächtigen Gegner wie dem 1. Diener des Bösen gegenübergestanden.
Ob deine Ausrüstung ausreichen wird, in die Ruine einzudringen und die Kristallkugel zu zerstören? Lies weiter bei **95**.

206

Als es dir unter äußerster Kraftaufbietung gelingt, den Kistendeckel zu öffnen, springt dir ein Staubteufel entgegen, der versucht, dich in den Finger zu beißen. Er hat eine Kampfkraft von 12, bei jedem Treffer, den er dir zufügt, mußt du einen deiner Geschicklichkeitspunkte von deinem Fantásia-Bogen abziehen.
Wenn du den Staubteufel besiegst, lies weiter bei **159**.

207

Dies ist das Haus eines Sehers. Große Lettern vor seiner Tür verkünden:

Wenn du das Haus betreten willst, um den Seher zu befragen, lies weiter bei **134**. Wenn nicht, gehe zurück zu

200 und triff eine weitere Wahl. Wenn dies deine *fünfte* Wahl ist oder du keine Lust hast, weitere Teile der Stadt zu erforschen, lies weiter bei **205**.

208

Leg einen Geschicklichkeitstest ab. Wenn er gelingt, schaffst du es, unentdeckt zu flüchten. Lies dann weiter bei **304**. Ansonsten mußt du kämpfen, weiter bei **154**.

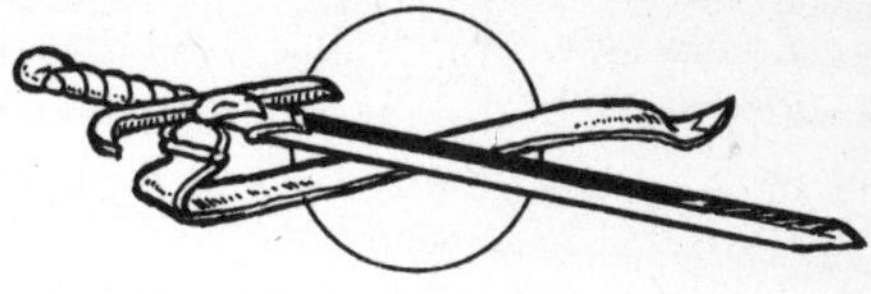

209

Du schwimmst und schwimmst, hoffst, dich nicht im Kreis zu bewegen. Lies weiter bei **229**.

210

Du bist zwar dem Schlammtod knapp entkommen, bist aber weiterhin im Sumpf verirrt. Du kannst nun geradeaus weitergehen, dann lies weiter bei **180**. Wenn du nach rechts abbiegen willst, lies weiter bei **274**. Wenn du nach links abbiegen willst, lies weiter bei **357**.

211

Ganz, ganz langsam, schiebst du den Riegel zurück. Er knirscht ein wenig, aber keiner der Meuchlinge gibt ein Lebenszeichen von sich. Du öffnest die Tür und befindest dich im Freien. Lies weiter bei **391**.

212

»Macht, was ihr wollt, mit eurem stinkenden Fleisch!« rufst du und springst schnell zurück, wobei du das Schwert aus der Scheide ziehst. Der Meuchling will das Messer auf dich werfen, doch die anderen halten ihn zurück. »Nacher mir Burschi schnappmach!« sagt einer der Meuchlinge. »Gutt, gutt, suppergutt, schnappmach, schnappmach...«, freuen sich die anderen. Sie packen das Fleisch in ein Stück Stoff, bezahlen und verlassen das Wirtshaus.

Wenn du ebenfalls gehen willst, lies weiter bei **188**. Wenn du lieber noch etwas warten willst, weil du Angst hast, daß die Meuchlinge dir auflauern, lies weiter bei **196**.

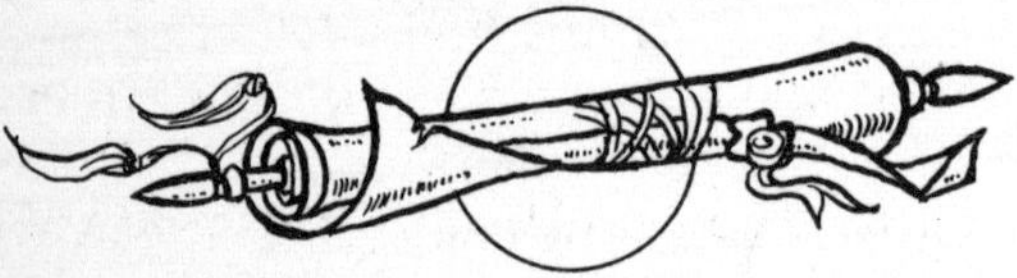

213

Du stolperst die Stufen empor. An deinen Beinen vorbei saust ein Messer, du bist froh, daß es dich nicht getroffen hat. Es gelingt dir, die Treppe hinter dir zu lassen, atemlos stürzt du aus dem Haus auf die Straße. So schnell du kannst, rennst du durch die Straßen der Stadt. Als du sicher bist, daß dich niemand verfolgt, bleibst du erschöpft an einem Hauseingang stehen.

Wenn du den Kaufmann Pull warnen willst, lies weiter bei **258**. Wenn nicht, geh zurück zu **200** und triff eine neue Wahl. Wenn dies deine *fünfte* Wahl ist oder du keine Lust hast, weitere Teile der Stadt zu erforschen, lies weiter bei **205**.

214

Du stößt die Tür auf und siehst eine Wendeltreppe, die nach oben führt. An der Mittelsäule der Treppe sind Fackeln angebracht, die die Szenerie in graues Licht tauchen. Du besteigst mutig die Wendeltreppe. Immer weiter steigst du empor. Doch nachdem du eine Viertelstunde unterwegs bist, hast du noch immer keine Tür gesehen. Obwohl es von außen so ausgesehen hatte, als seien mehrere Fenster in die Turmmauer eingelassen, bist du bisher noch an keiner einzigen Öffnung in der Mauerwand vorbeigekommen. Nach einer weiteren Viertelstunde fühlst du dich zerschlagen und müde. Als du eine Pause einlegen willst, merkst du, daß du nicht aufhören kannst, Treppenstufen zu ersteigen. Erfolglos versuchst du, dich einfach fallen zu lassen, doch es funktioniert nicht. Du mußt immer weiter und weiter gehen. Streich dir einen Stärkepunkt weg. Endlich siehst du eine Tür in der Wand. Wenn du durch die Tür gehen willst, lies weiter bei **114**. Wenn du lieber weiter Treppensteigen möchtest, lies weiter bei **231**.

215

Bücher haben dich eigentlich noch nie besonders interessiert. Außerdem gehört Lesen nicht gerade zu deinen Stärken. Also beschließt du, den Laden zu verlassen. Lies weiter bei **200**. Wenn dies deine *fünfte* Wahl ist oder du keine Lust mehr hast, andere Teile der Stadt zu erforschen, lies weiter bei **205**.

216

Du betrittst die Hütte. Bis auf ein einfaches Bett, zwei Hocker und einen Tisch ist sie leer. An der dir gegenüberliegenden Wand hängt ein blau leuchtendes Amulett. Es sieht aus wie eine sechseckige Münze an einer Lederschnur. Auf dieser Münze ist eingraviert: ›Jed Öpp flüch‹. Offensichtlich handelt es sich um ein Amulett gegen Öppelmänner. Du hängst es dir um. Es ist in der Ruine des Unheils wirkungslos.

Wenn du eine weitere Hütte erkunden willst, lies weiter bei **330**.

Wenn du das Dorf verlassen willst, lies weiter bei **133**.

217

Kaum hast du dein mächtiges Schwert aus der Scheide gezogen, als mit dem Buchhändler eine erstaunliche Verwandlung vorgeht. Aus seiner Nase wachsen schleimige Tentakeln, seine Hände werden zu unförmigen spitzen Klauen. Vor dir steht ein Whool. Er hat eine Kampfstärke von 18 und fügt dir bei jedem Treffer einen Stärkepunkt und einen Geschicklichkeitspunkt Schaden zu. Wenn du ihn besiegst, lies weiter bei **369**.

218

Diese Hütte ist nicht so verfallen wie die anderen. Die Leiter, die hinaufführt, ist sehr gut erhalten. Oben angekommen, schaust du in den Raum.
Der Anblick ist entsetzlich. Hier liegen etwa zwanzig Gerippe auf Strohmatten, dichtgedrängt nebeneinander. Offensichtlich befindest du dich in einer Art Notkrankenhaus. Doch für alle Kranken kam anscheinend jede Hilfe zu spät. Auf einem Hocker sitzt ein zusammengefallenes Gerippe. Am Mittelfinger der rechten Hand des Gerippes befindet sich ein Siegelring. Wenn du dem Skelett seinen Ring abnehmen willst, lies weiter bei **338**.
Wenn du eine weitere Hütte erkunden willst, lies weiter bei **330**.
Wenn du das Dorf verlassen willst, lies weiter bei **133**.

219

Du schwimmst und schwimmst, hoffst, dich nicht im Kreis zu bewegen. Lies weiter bei **169** oder **119**.

220

»Wass soll dass?« fragt der Meuchling, der dich zum Tisch gezogen hat, wütend. »Enntscheide, Burschlein, aba schnell, wie ich habb zuerst gesaggt, sonst du kannst Messer kennlernmach.« Dabei zieht er einen bedrohlich aussehenden Dolch aus seinem Gewand hervor. Was willst du tun? Wenn du dich auch weiterhin weigerst, dich in den Streit der Meuchlinge einzumischen, lies weiter bei **212**. Wenn du auf einen der Unholde zeigen willst, lies weiter bei **285**.

221

Entscheide dich für einen der Knöpfe und lies die Sektion, deren Nummer hinter dem abgebildeten Knopf angegeben ist.

(fröhlich)	weiter bei **289**.
(mittel)	weiter bei **264**.
(traurig)	weiter bei **351**.

222

Du setzt dich zu dem ziemlich bezechten Weinhändler und läßt dir einen Becher Rotwein schmecken.
Der Wein löst deine Zunge, und so erzählst du von deinem Auftrag. Der Händler schüttelt den Kopf und warnt dich vor den gräßlichen und gefährlichen Meuchlingshorden, die jedem Reisenden auflauern.
Dann bietet er dir ein weiteres Glas Wein an. Wenn du genug hast, lies weiter bei **200**.

Wenn dies deine fünfte Wahl ist oder du keine Lust hast, andere Orte in Tomkaga zu erforschen, lies weiter bei **205**. Wenn du weitertrinken willst, lies weiter bei **144**.

223

Du entnimmst deiner Ledertasche zwei Goldmünzen und gibst sie dem Museumswärter. Er nickt dir zu, zieht sich in sein Häuschen zurück. Neugierig gehst du durch die großen Hallen und betrachtest dir die Ausstellungsstükke. Es finden sich Bilder aus der Frühzeit von Tomkaga, als die große Stadt noch von dem Neffen des alten Königs Huggas regiert wurde. Du erfährst, daß Tomkaga einst ein mächtiges Handelszentrum und bis zu den ersten Öppelmannangriffen die wichtigste Stadt des ganzen Kontinents war.
Nachdem du eine Zeitlang durchs Museum spaziert bist, entscheidest du dich, diesen Ort zu verlassen.
Oh! Als du das Museum verläßt, stellst du fest, daß es schon viel später ist, als du angenommen hast. Lies weiter bei **205**.

224

Als du zurück auf die Straße taumelst, merkst du erst, wie betrunken du bist. Streich dir einen Intelligenzpunkt weg. Du kauerst dich zusammen, lehnst dich an eine Häuserwand und schläfst ein.
Wenn du wieder nüchtern bist, lies weiter bei **205**.

225

Im zweiten Anlauf gelingt es dir, die Röhre emporzukriechen, bis du schließlich an die Klappe kommst, durch die dir vorhin der Abfall entgegenfiel. Es gelingt dir, sie aufzustoßen. Du steckst den Kopf heraus, der dir glücklicherweise nicht im gleichen Moment abgeschlagen wird. Du blickst dich um und siehst einen Müll-Meuchling, der mit einem leeren Eimer und einer gußeisernen Schaufel davonschlurft. Du kriechst aus dem engen Loch hinaus und hast jetzt zwei Möglichkeiten. Wenn du nach rechts gehen willst, lies weiter bei **166**. Wenn du lieber nach links gehen möchtest (in die Richtung ist der Meuchling verschwunden), lies weiter bei **304**.

226

Linda beginnt kurz nach dem Start mit einem Verdauungsschläfchen. Dein Geld ist verloren. Wenn du an einem weiteren Glücksspiel teilnehmen willst, lies weiter bei **157**. Ansonsten geh zurück zu **200** und triff eine weitere Wahl. Wenn dies deine *fünfte* Wahl ist oder du keine Lust hast, weitere Teile der Stadt zu erforschen, lies weiter bei **205**.

227

Du befindest dich an der Kreuzung und kannst dich erneut entscheiden.
Wenn du nach rechts gehen willst, lies weiter bei **183**.
Wenn du nach links gehen willst, lies weiter bei **103**.
Wenn du geradeaus gehen willst, lies weiter bei **129**.

228

Um jetzt festzustellen, wie viele Punkte du erzielt hast, würfle einmal und lies auf folgender Tabelle ab:

1	10 Punkte
2	15 Punkte
3	20 Punkte
4	25 Punkte
5	30 Punkte
6	35 Punkte

Nun wirft Jagga: Sein Messer trifft die Scheibe. Würfle noch einmal, um festzustellen, wie viele Punkte Jagga erreicht:

1	5 Punkte
2	10 Punkte
3	15 Punkte
4	20 Punkte
5	25 Punkte
6	40 Punkte

Wenn du mehr Punkte erzielt hast als Jagga, kannst du dir deinen Einsatz gutschreiben. Solltest du weniger Punkte erreicht haben als dein Gegner, zieh dir die Summe Goldmünzen, die du gesetzt hast, von deinem Fantásia-Bogen ab.

Jagga winkt dich beiseite. »Ei, Jungchen, so einen wie dich könnten wir gebrauchen. Komm mit, ich habe dir einen Vorschlag zu machen.« Als du zögerst, nickt er dir freundlich zu. »Na, komm schon, ich werd' dich schon nicht fressen.« Wenn du Jagga folgen möchtest, lies weiter bei **250**. Wenn du mit Jagga nichts zu tun haben möchtest, kannst du zurück zu **200** gehen und dir einen neuen Ort zum Erforschen aussuchen. Wenn dies deine *fünfte* Wahl war oder du keine Lust hast, andere Orte zu erforschen, lies weiter bei **205**.

229

Du schwimmst und schwimmst, hoffst, dich nicht im Kreis zu bewegen. Lies weiter bei **169** oder **209**.

230

Du kannst nun feststellen, woher das violette Leuchten aus dem Dunkel des Hüttendaches kommt. Lies weiter bei **216**.
Wenn du statt dessen lieber eine weitere Hütte erkunden willst, lies weiter bei **330**.
Wenn du das Dorf verlassen willst, lies weiter bei **133**.

231

Du ignorierst die Tür und steigst weiter die Stufen der Wendeltreppe empor. Nach einer halben Stunde – streich dir einen Stärkepunkt weg – kommst du schließlich an eine zweite Tür, die der ersten sehr ähnlich sieht. Wenn du durch die Tür gehen willst, lies weiter bei **114**. Wenn du weiter Treppensteigen möchtest, lies weiter bei **158**.

232

Krötenrennen! Setz eine bestimmte Anzahl von Goldmünzen auf eine der folgenden Kröten:

Linda 226   Claudia 152   Santa Maria 179

Notiere dir, wie viele Goldmünzen du auf welche Kröte gesetzt hast. Lies dann die Sektion, deren Nummer hinter der Kröte steht.
Wenn du nicht an diesem Spiel teilnehmen willst, geh zurück zu **200** und such einen anderen Ort aus, den du besichtigen willst. Wenn dies deine *fünfte* Wahl ist oder du keine Lust hast, weitere Teile der Stadt zu erforschen, lies weiter bei **205**.

233

Kaum hast du den Text durchgelesen, als dir klar wird, daß es sich hierbei um eine Zauberspruchrolle handelt. Und dies ist keinesfalls angenehm, denn das letzte Wort des Textes heißt: Wahnsinn! Die Rolle fällt dir aus der Hand. Bevor du für immer in den Fluten der Konfusion versinkst, wird dir klar, daß der 1. Diener des Bösen dich schließlich doch reingelegt hat.

ENDE

234

Kaum hast du den Schlüssel ins Schloß gesteckt, als er sich in eine Giftschlange verwandelt. Diese hat Kampfstärke 13 und fügt dir bei jedem Treffer einen Stärkepunkt und einen Geschicklichkeitspunkt Schaden zu. Wenn du sie besiegst, lies weiter bei **313**.

235

Du trittst auf ein loses Brett, das ein lautes knarrendes Geräusch von sich gibt. Doch noch ehe der Meuchling reagieren kann, hast du ihm einen Hieb mit deinem Schwert versetzt. Der Meuchling springt in die Falltür, einige Sekunden später hörst du von unten ein dumpfes Geräusch. Bei seiner Flucht hat der Meuchling einen kleinen metallenen Gegenstand verloren: einen Schlüssel. Wenn du willst, kannst du ihn an dich nehmen. Notiere den Fund auf deinem Fantásia-Bogen. Lies weiger bei **277**.

236

Mach einen Geschicklichkeitstest. Wenn du Erfolg hast, weiter bei **341**. Wenn der Test mißlingt, entwischt er dir: weiter bei **365**.

237

Der Buchhändler blickt dich dankbar an und verschwindet hinter einer schiefen Holztür. Kurze Zeit später kehrt er mit zwei dampfenden Tassen Tee und einem anderen Buch zurück. Ihr trinkt den Tee, und der Buchhändler erklärt dir, daß er dir ein Zauberbuch verkaufen will. »Es kostet nur ein Goldstück und schützt dich nachhaltig vor Ratten. Solange du dieses Buch mit dir führst, besiegst du automatisch jede Art von Ratten, also auch Riesenratten, Meuchlingsratten, ja sogar die gefürchteten Höllenratten!«

Wenn du genug Gold dabei hast und das Buch gern kaufen möchtest, zieh dir ein Goldstück ab und notiere das ›Zauberbuch‹ auf deinem Fantásia-Bogen.

Wenn du noch länger in der Buchhandlung bleiben willst, lies weiter bei **325**. Ansonsten lies weiter bei **200**. Wenn dies deine fünfte Wahl ist oder du keine Lust mehr hast, andere Teile der Stadt zu erforschen, lies weiter bei **205**.

238

Deine Beine scheinen von Minute zu Minute schwerer zu werden. Du bist immer noch im Moor verirrt. Wenn du geradeaus weitergehen willst, lies weiter bei **274**. Wenn du rechts abbiegen willst, lies weiter bei **309**.

239

Du nimmst deinen ganzen Mut zusammen, läufst durch den Wasserfall durch – und bekommst dabei keinen einzigen Tropfen ab. Der Wasserfall war offenbar eine Illusion. Und eine geschickt ausgelegte Falle des 1. Diener des Bösen. Ob er jetzt wohl vor seiner Kristallkugel hockt und dich beobachtet? Auf jeden Fall weißt du, daß du auf dem richtigen Weg bist. Lies weiter bei **310**.

240

Streich die Anzahl von Goldmünzen, die du gesetzt hast, von deinem Fantásia-Bogen und lies weiter bei **19**. Du kannst dir dort einen neuen Gegner aussuchen.
Wenn dieser dein dritter Wettkampf war oder wenn du nicht weiterwerfen möchtest, geh zurück zu **200** und triff eine neue Wahl. Wenn dies deine *fünfte* Wahl ist oder du keine Lust hast, weitere Teile der Stadt zu erforschen, lies weiter bei **205**.

241

Als du aufwachst, liegst du in der Mitte des Dorfplatzes. Du bist nicht verletzt. Du hast, dem Stand der Sonne nach zu urteilen, keine Stunde geschlafen. Die Hütte steht scheinbar unverrückt an ihrem ursprünglichen Platz. Streich dir einen Stärkepunkt weg.
Wenn du weitere Hütten untersuchen willst, lies weiter bei **330**. Wenn du das Dorf verlassen willst, lies weiter bei **133**.

242

Die Maschine beginnt zu rumpeln, die Zahnrädchen drehen sich – es knallt! Die Maschine ist zerstört, geh zurück zur Straße und lies bei **320** weiter.

243

Der Vogel versucht dich wegzutragen, scheitert aber am Gewicht deiner Eisenrüstung. Der Vogel hat am Boden nur noch eine Kampfstärke von 10. Bei jedem Treffer fügt er dir 2 Stärkepunkte Schaden zu. Wenn du ihn getroffen hast, lies weiter bei **383**.

244

Als du dein Schwert hebst, wird alles um dich herum glänzend rot. Es ist, als ob du aus einem Traum erwachst: Du hast eingeschlafene Füße. Plötzlich stehst du einer unheilvollen hageren Person gegenüber, in einem Raum, der eine einzige boshafte Geschmacklosigkeit ist.
An den Wänden hängen die Hörner riesiger Monster. Der 1. Diener des Bösen steht auf einer Art Podest, neben ihm befindet sich ein Tisch, auf dem eine riesige Kristallkugel liegt.
Als du auf ihn zustürmst, macht der 1. Diener des Bösen eine kurze Bewegung mit seinem silbernen Arm. Du siehst entsetzt, wie sich eine Rauchwolke in der Luft bildet, aus der ein riesiges geflügeltes Monster entsteht. Dieses Monster sieht unbeschreiblich grausam aus, wie eine Mischung aus Meuchling, Öppelmann, Wegtrager und dem 1. Diener des Bösen selbst. Dieses Monster stürzt auf dich zu.
Du hast noch Zeit für eine einzige Entscheidung:
Wenn du flüchten willst, lies weiter bei **358**. Wenn du auf die Kristallkugel einschlagen willst, lies weiter bei **356**. Wenn du aber auf den 1. Diener des Bösen einschlagen willst, lies weiter bei **331**.

245

Das Messer trifft dich, zieh dir einen Stärkepunkt ab. Du kannst versuchen zu fliehen. Leg einen weiteren Geschicklichkeitstest ab. Wenn er gelingt, lies weiter bei **213**. Wenn er mißlingt, lies weiter bei **13**.

246

Das Wesen, das vor dir steht, ist etwa doppelt so groß wie du, wobei die Hälfte seines Körpers von seinen Beinen eingenommen wird. Diese sind denen eines überdimensionalen Frosches nicht unähnlich. An seinen Füßen befinden sich riesige Schwimmhäute. Es steht direkt in einem kleinen schwarzen Teich, ohne auch nur einen Finger breit einzusinken. Seine Arme ähneln denen eines Schimpansen. Sie sind wie sein ganzer Körper schilfgelb. Sein Oberkörper steckt in einem riesigen Umhang aus geflochtenem Schilf. Unter diesem Umhang trägt es einen schwarzen, glänzenden Pelz. Außerdem hat es einen riesigen, glatten schwarzen Stock dabei, auf den es sich elegant aufstützt, während es dich grinsend mustert. Sein

Kopf erinnert an den eines glatzköpfigen Schimpansen, ein bißchen aber auch an den eines alten Mannes. Es blickt dich an und grinst über das ganze Gesicht.
»Crustr, Crustr heglaf raschta nszt, haha!« ruft es dir zu.
Was sollst du tun? Willst du es angreifen? Lies weiter bei **253**.
Oder versuchst du ihm zu erklären, daß du es nicht verstehst? Dann lies weiter bei **293**.

247

Als es dir unter äußerster Kraftaufbietung gelingt, den Kistendeckel zu öffnen, springt dir ein Staubteufel entgegen, der versucht, dich in den Finger zu beißen. Er hat eine Kampfkraft von 12, bei jedem Treffer, den er dir zufügt, mußt du einen deiner Geschicklichkeitspunkte von deinem Fantásia-Bogen abziehen.
Wenn du den Staubteufel besiegst, lies weiter bei **111**.

248

Der Öppelmann ist tot. Erschöpft lehnst du dich gegen die Grubenwand. Da hörst du Stimmen von oben. Als du aufblickst, siehst du ein halbes Dutzend langnasiger, faltiger Gesichter. Dann dreht sich alles vor deinen Augen. Du fällst in einen tiefen, ohnmachtsähnlichen Schlaf.
Lies weiter bei **367**.

249

Die Tür gibt nach und läßt sich nach innen aufstoßen.
Weiter bei **388**.

250

Zusammen mit Jagga verläßt du den Platz, er führt dich zu einem kleinen, baufälligen Haus. Ihr betretet das Haus, das innen unbewohnt scheint. Doch Jagga führt dich in den Keller, und dort siehst du vier andere Gesellen um einen Tisch sitzen. Auf dem Tisch liegen einige kleinere und ein großer Plan, in dessen Mitte ein Messer steckt.

Als ihr den Raum betretet, ruft einer der Männer: »Jagga, du willst wohl unser ganzes Unternehmen gefährden! Wir hatten doch ausgemacht, daß keiner von unserem geheimen Treffpunkt erfahren soll.«

Jagga antwortet: »Halt's Maul, Timko, erstens bin ich der Boß, und zweitens brauchen wir noch jemanden zum Schmierestehen.«

»Und wenn er Mist baut oder uns verrät?«

»Das wird er schon nicht, keine Angst.«

Jagga lädt dich ein, Platz zu nehmen, und erzählt dir von dem Plan der fünf Diebe, Pull, den reichen Kaufmann, zu überfallen. »Hundert Goldstücke bekommst du, wenn du mitmachst und aufpaßt, daß uns keiner in den Rücken fällt. Na, bist du dabei?«

Wenn du mit Jagga und den Räubern gemeinsame Sache machen willst, lies weiter bei **12**. Wenn du mit Raubüberfällen nichts zu tun haben willst, lies weiter bei **174**.

251

Enttäuscht willst du die Schriftrolle fortwerfen, entscheidest dich dann aber doch, sie einzustecken.

Für einen kurzen Moment erscheint Gassquix der Hofmagier und spricht: »Lies sie nicht, diese Schriftrolle, um Himmels willen, lies sie nicht. Übergib sie jemandem, der erste, der sie nimmt und liest, wird wahnsinnig werden. Du brauchst dann nicht zu kämpfen. Zeig sie irgend-

einem Meuchling oder einem anderen Wesen, das die Gabe des Lesens besitzt, und du bist es los.«
»Kann ich damit auch den 1. Diener des Bösen besiegen?«
»Nein, Junge, der ist selbst ein mächtiger Magier, er wird sich von einer einfachen Spruchrolle nicht einschüchtern lassen.« Mit diesen Worten verschwindet Gassquix aus deinen Gedanken.
Du stehst immer noch in der Hütte und versuchst die Kiste zu öffnen. Dies gelingt dir nur bei einem erfolgreichen Stärketest: lies dann weiter bei **247**. Wenn der Stärketest mißlingt, gehst du wieder zur Straße und setzt deinen Weg nach Süden fort. Lies weiter bei **162**.

252

Du findest 155 unbezahlte Rechnungen. Das amüsiert dich. Schreib dir einen Intelligenzpunkt gut. Geh nun zurück zur Kreuzung (Sektion **227**) und triff eine andere Wahl.

253

Du kommst jedoch gar nicht dazu, es zu berühren. Es macht einen eleganten Sprung nach hinten und bleibt auf einem anderen Teich stehen – wiederum, ohne einzusinken – und grinst dich weiterhin an. »Crustr, Crustr heglaf raschta nszt, haha!« ruft es dir zu. Nun versuchst du doch, mit dem seltsamen Wesen zu sprechen. Lies weiter bei **293**.

254

Nach fünfundzwanzig Schritten macht der Gang einen scharfen Linksknick, nach weiteren fünfundzwanzig Schritten stehst du auf einer Kreuzung. Wenn du geradeaus weitergehen willst, lies weiter bei **276**. Wenn du links abbiegen willst, lies weiter bei **394**. Wenn du zurückgehen willst, lies weiter bei **354**.

255

Diese Hütte ist auch in erstaunlich gutem Zustand. In ihrem Inneren kocht eine Frau an einem großen Herd. Auf dem Boden spielen drei kleine Kinder. Weder sie noch die Frau beachten dich. Die Szene ist völlig geräuschlos, keine Feuer knistern, keine Kinderstimmen sind zu hören.
Wenn du die Frau anredest, lies weiter bei **363**.
Wenn du diesen Ort verlassen willst, um eine weitere Hütte zu erkunden, lies weiter bei **330**.
Wenn du das Dorf verlassen willst, lies weiter bei **133**.

256

Die Tür gibt sofort nach. Das Eisentor mitreißend, fliegst du im hohen Bogen in den Burggraben. Bei gelungenem Geschicklichkeitstest nimmst du keinen Schaden. Ansonsten fällst du mit dem Kopf auf eine Eisenstrebe und nimmst einen Punkt Intelligenzschaden. Lies weiter bei **388**.

257

Dies ist der Weinhändler von Tomkaga. Er hat eine rote Nase, sitzt auf einem Weinfaß und lädt dich ein, kostenlos mit ihm zu trinken.
Wenn du mit ihm trinken willst, lies weiter bei **222**.

Wenn du lieber nichts Alkoholisches zu dir nehmen willst, lies weiter bei **200**.
Wenn dies deine fünfte Wahl ist oder du keine Lust hast, andere Orte in Tomkaga zu erforschen, lies weiter bei **205**.

258

Du erkundigst dich so lange nach dem Kaufmann Pull, bis dir jemand weiterhilft und dich zu dessen Haus bringt. Du klopfst heftig gegen die Tür. Als ein Bediensteter des Kaufmanns öffnet, erzählst du ihm, du seist ein wandernder Abenteurer und hättest gehört, daß eine Diebesbande plane, ihn zu überfallen. Der ältliche Bedienstete scheint dir nicht zu glauben. Leg einen Intelligenztest ab. Wenn er gelingt, lies weiter bei **33**. Wenn nicht, geht es bei **45** weiter.

259

Nach fünfzehn Schritten macht der Gang eine scharfe Rechtskurve, nach weiteren fünfzehn Schritten kommst du auf eine Kreuzung. Wenn du geradeaus weitergehen willst, lies weiter bei **276**.
Wenn du rechts abbiegen willst, lies weiter bei **354**. Wenn du links abbiegen willst, lies weiter bei **368**. Wenn du zurückgehen willst, lies weiter bei **394**.

260

Das Lachen kommt immer näher. Du kannst aber nicht die Richtung feststellen, aus der es herandringt. Plötzlich hörst du hinter dir ein platschendes Geräusch. Du drehst dich um und siehst ein eigenartiges Wesen. Lies weiter bei **246**.

261

Der Wirt ruft seine ganze Familie zu Hilfe. »Wir haben nicht viel zu bieten«, sagt er zu dir, »aber für den heutigen Tag sollen uns unsere besten Vorräte nicht reuen.« Alle Tische im kleinen Schankraum werden zusammengeschoben. Wein und Obst werden gebracht. Bald riecht es im Schankraum nach gebratenem Fleisch.
Auch die Dorfbewohner beteiligen sich. Käselaibe und Speckseiten werden hereingetragen. Man feiert dich wie einen Helden.
Irgendwann, die Hühnerkeule in der einen und einen Becher Rotwein in der anderen Hand, schläfst du ein.
Was dir der nächste Morgen bringt, liest du bei **318**.

262

Enttäuscht willst du die Schriftrolle fortwerfen, entscheidest dich dann aber doch, sie einzustecken.
Für einen kurzen Moment erscheint Gassquix der Hofmagier und spricht: »Lies diese Schriftrolle nicht, um Himmels willen, lies sie nicht. Gib sie jemand anderem; der erste, der sie nimmt und liest, wird wahnsinnig werden. Du brauchst dann nicht zu kämpfen. Zeig sie irgendeinem Meuchling oder einem Wesen, das die Gabe des Lesens besitzt.«
»Kann ich damit auch den 1. Diener des Bösen besiegen?«
»Nein, Junge, der ist selbst ein mächtiger Magier, er wird sich von einer einfachen Spruchrolle nicht einschüchtern lassen.« Mit diesen Worten verschwindet Gassquix aus deinen Gedanken.
Du stehst immer noch in der Hütte und versuchst, die Kiste zu öffnen. Dies gelingt dir nur bei einem erfolgreichen Stärketest: lies dann weiter bei **206**. Wenn der Stärketest mißlingt, gehst du wieder zur Straße und setzt deinen Weg nach Süden fort. Lies weiter bei **320**.

263

Du begibst dich in den Teil der Taverne, in dem die Glücksspiele durchgeführt werden.
Zuallererst wird eine Runde Yazeeboo (sprich Jasiebu) gespielt. Dieses ist eigentlich ein uraltes Spiel der Gnome (obwohl diese es normalerweise nicht um Geld spielen).
Es geht ganz einfach und um eine Goldmünze: Würfle einmal.
Bei einem Ergebnis von 1 bis 3 darfst du dir eine Goldmünze gutschreiben.
Bei einem Ergebnis von 4 bis 6 mußt du dir eine Goldmünze von deinem Fantásia-Bogen streichen.
Gnome waren noch niemals besonders anspruchsvoll, was ihre Spiele betrifft.
Du kannst so viele Yazeeboo-Runden spielen, wie du willst (und kannst). Aber sei vorsichtig und versuche nicht zu betrügen. Betrüger sind in Tomkaga nicht hoch angesehen.
Wenn du noch Gold hast und an einem anderen Spiel teilnehmen möchtest, lies weiter bei **232**. Ansonsten geh zurück zu **200** und triff eine weitere Wahl. Wenn dies deine *fünfte* Wahl ist oder du keine Lust hast, weitere Teile der Stadt zu erforschen, lies weiter bei **205**.

264

Die Maschine beginnt zu rumpeln, die Zahnrädchen drehen sich – es schluppt. Die Maschine ist zerstört, geh zurück zur Straße und lies bei **162** weiter.

265

Dann, auf ein Zeichen des Königs, wird ein – für Zwergenverhältnisse – riesiges Paar Stiefel herbeigetragen. Der Zwergenkönig bittet dich, es anzuprobieren. Die Stiefel sitzen wie angegossen. Es handelt sich um Wunderstiefel, mit denen der Träger stundenlang durch Feuer laufen kann. Trag sie auf deinem Fantásia-Bogen ein.

Dann klatscht der Zwergenkönig in die Hände, und von allen Seiten werden Tische und Stühle angeschleppt. Für dich hat man einen speziell angefertigten Stuhl und einen passenden Tisch. Weinfässer werden herangerollt, für dich hält man ein kleineres als Trinkgefäß bereit.
Am nächsten Morgen brichst du mit zwei Zwergenführern zur Ruine auf. »Die Gangsysteme sind an einigen Stellen schon ziemlich baufällig«, warnt dich einer der beiden.
»Außerdem sind viele schon lange nicht mehr benutzt worden«, meint der andere. Du tappst mit deinen neuen Stiefeln in einen großen weichen Haufen. Einer der Zwerge sieht das und bemerkt mitleidslos: »Höhlenbären.«
Die Gänge sind gerade so groß, daß du mit eingezogenem Kopf hindurchgehen kannst. Dauernd tropft dir Wasser ins Genick. Im Licht deiner Lampe siehst du plötzlich eine schwere, verrostete Eisentür.
»Die haben unsere Vorfahren vor Jahrhunderten hier

eingebaut, leider kriegt die niemand auf!« erklärt ein Zwerg.
»Aber die führt direkt in den Burggraben«, meint ein anderer.
Du versuchst die Tür aufzudrücken. Es gelingt nicht. Du nimmst etwas Anlauf und wirfst dich dann dagegen. Mach einen Stärketest. Wenn er dir gelingt, lies weiter bei **256**. Sollte der Test mißlingen, geht es bei **249** weiter.

266

Du bist sehr erstaunt, dich im Burghof wiederzufinden. Du ärgerst dich über die hinterhältigen Tricks deines Gegners. Geh zurück zu **149** und triff eine andere Wahl.

267

Kaum hast du die Taverne verlassen, als sich zwei Straßenbanditen (Kampfkraft 18 und 14/4 Stärkepunkt Schaden) auf dich stürzen. Du ziehst schnell dein Schwert und verteidigst dich gegen die üblen Räuber. Wenn du sie besiegst, kannst du unbehelligt zu **200** zurückgehen und eine weitere Wahl treffen. Wenn dies deine *fünfte* Wahl ist oder du keine Lust hast, weitere Teile der Stadt zu erforschen, lies weiter bei **205**.

268

Offensichtlich befindest du dich in einer Fallgrube. Es kann sich um ein Werk der Meuchlinge handeln, obwohl du dir kaum vorstellen kannst, daß diese sich die Mühe machen würden, im Gebirge eine solche Grube auszuheben. Die Fallgrube scheint für ein recht großes Wesen gedacht zu sein. Sie mißt etwa zehn mal zehn Schritte. Ihre Wände sind sehr glatt und zum Teil direkt in den

Felsen hineingehauen. Du hast keine Chance, aus der Grube hinauszuklettern. Wenn du laut um Hilfe rufen willst, lies weiter bei **399**.
Wenn du eine kleine silberne Pfeife besitzt und auf ihr pfeifen willst, lies weiter bei **346**.

269

Die Planken sind natürlich auch alle morsch. Du brichst mit einem Bein durch den brüchigen Boden. Bei mißlungener Geschicklichkeitsprobe nimmst du einen Geschicklichkeitspunkt Schaden. Lies weiter bei **372**.

270

Du kannst nicht im Moor übernachten. Wenn du vor Sonnenuntergang keine Ortschaft oder wenigstens eine alte Hütte gefunden hast, mußt du die Nacht wohl stehend verbringen. Vielleicht solltest du wieder mal die Richtung ändern. Wenn du nach links willst, lies weiter bei **397**. Wenn du nach rechts willst, lies weiter bei **357**. Wenn du weiterhin geradeaus läufst, lies weiter bei **309**.

271

Du drückst die hölzerne Flügeltür auf. Mach einen Intelligenztest. Wenn er gelingt, lies weiter bei **184**. Wenn er dir nicht gelingt, lies weiter bei **140**.

272

Yyuckk!! Was du siehst, ist nicht die schöne Landschaft des Kontinents Fantásia! Du siehst in eine unmenschliche grausame Schwärze hinaus. Eine Schwärze, die voll ist von monströsen Ideen. Geh zurück zu **332** und entscheide dich für eine andere Möglichkeit.

273

Du beugst dich zu dem Loch hinunter und krabbelst hinein. Du tastest mit den Händen nach allen Seiten, doch auch nach einigen Metern verbreitert sich die Röhre nicht.
In der Hoffnung, den 1. Diener des Bösen überraschen zu können und unbeobachtet in sein Schloß einzudringen, kriechst du weiter die enge Röhre entlang. Nach einigen weiteren Metern macht die Röhre einen Knick und führt geradewegs nach oben. Du krabbelst durch die Biegung und stehst schließlich aufrecht in der Röhre. Ein äußerst mulmiges Gefühl überkommt dich, denn von oben dringt keinerlei Licht in die Röhre. Du fragst dich, ob du hier jemals lebend herauskommen wirst.
Du schiebst dich langsam nach oben, Zentimeter für Zentimeter erkämpfst du dir den Weg ins Innere der Burg. Plötzlich hörst du ein knarrendes Geräusch, und dir fällt etwas Licht entgegen. Du blickst nach oben und erhältst eine volle Ladung stinkenden Abfall ins Gesicht. Du verlierst den Halt und rutschst wieder nach unten. Du kannst dich schnell von dem Unrat befreien, aber ob deine Kraft und Geschicklichkeit noch ausreichen, die Steigung ein zweites Mal zu erklimmen?
Lies weiter bei **202**.

274

Deine Stiefel sind mittlerweile pitschnaß, der Nebel dringt langsam, aber sicher durch deine Bekleidung. Du überlegst, ob du geradeaus weitergehen willst. Vielleicht gerätst du nur immer weiter in den Sumpf? Wenn du geradeaus weitergehen willst, lies weiter bei **282**. Wenn du nach rechts abbiegst, lies weiter bei **294**, und wenn du nach links abbiegst, lies weiter bei **309**.

275

Du hast es geschafft. Der Meuchling verliert das Gleichgewicht und kracht auf den Boden. Dort nimmst du ihn in einen festen Griff – und drehst ihm langsam den Arm um. Schließlich gibt der Meuchling auf. Das Publikum ist begeistert. Du erhältst zehn Goldmünzen. Schreib sie auf deinem Fantásia-Bogen gut.
Der Mann mit dem Zylinder bietet dir an, weiter für ihn zu kämpfen. Wenn du noch länger Champion bleiben willst, lies weiter bei **355**. Ansonsten gehe zurück zu **200** und triff eine neue Wahl. Wenn dies deine fünfte Wahl war oder du keine Lust hast, weitere Teile der Stadt zu erforschen, lies weiter bei **205**.

276

Nach fünfzehn Schritten macht der Gang eine scharfe Rechtskurve. Nach weiteren dreißig Schritten eine weitere scharfe Rechtskurve, nach weiteren dreißig Schritten nochmals.
Nach fünfzehn Schritten kommst du an eine Kreuzung, die dir bekannt vorkommt. Wenn du in den rechten Gang gehen willst, lies weiter bei **254**. Wenn du den linken Gang verfolgen willst, lies weiter bei **396**. Willst du geradeaus weitergehen, lies weiter bei **259**. Willst du lieber wieder umkehren, lies weiter bei **178**.

277

Du steigst die Wendeltreppe weiter empor und erreichst eine Tür. Sie ist verschlossen. Wenn du einen Schlüssel bei dir hast und ihn probieren möchtest, lies weiter bei **234**. Wenn du versuchen willst, die Tür mit Gewalt aufzubrechen, lies weiter bei **313**.

278

Sobald du die Leiter, die nach oben führt, berührst, ächzt und kracht das Haus in allen Fugen. Plötzlich beginnt es sich auf seinen Stelzen zu bewegen. Wie ein riesiges Geschöpf aus der Ewigkeit kommt es ächzend und knarrend auf dich zu. Bevor du noch etwas unternehmen kannst, springt dich das ›Wesen‹ an. Eines seiner riesigen Beine scheint dich zu zertrampeln. Du wirst ohnmächtig. Lies weiter bei **241**.

279

Der Riegel macht ein lautes Knirschgeräusch. Der am Tisch sitzende Meuchling gibt ein Grunzen von sich. Blitzschnell reißt du die Tür auf, läufst aus dem Raum und wirfst die Tür hinter dir zu. Du befindest dich im Freien. Du entscheidest dich dafür, dich im hohen Schilf zu verstecken. Von deinem Versteck aus kannst du die Tür beobachten. Sie geht auf, ein schwankender Meuchling erscheint im Türrahmen, blickt sich um. Mach einen Geschicklichkeitstest. Wenn er gelingt, lies weiter bei **120**. Wenn er nicht gelingt, lies weiter bei **125**.

280

Als du die letzten Worte der Formel gesprochen hast, beginnt sich die ganze Welt um dich herum zu drehen. An dir vorbei sausen verschiedenfarbige Regenschirme. Auch wenn du nicht weißt, was Regenschirme sind, bist du sehr beeindruckt. Als der Wirbel vorüber ist, spürst du plötzlich festen Boden unter den Füßen. Du schlägst die Augen auf, und es verschlägt dir die Sprache, fast bleibt dein Herz stehen. Du befindest dich auf dem Gipfel eines riesigen Berges. Als du dich zunächst einmal umschaust, glaubst du, in weiter Ferne die Stadt Tomkaga zu erken-

nen. Im Süden siehst du eine Sumpflandschaft mit einem einzelnen riesigen schwarzen Felsen darin. Und da ist sie. Die Ruine des Bösen. Vielleicht zwanzig Meilen südlich der Sümpfe steht sie schwarz und erschreckend auf einem einzelnen Findling. Du kannst keine Einzelheiten erkennen, siehst jedoch große Wolken schwarzen Rauches aus einem der Türme steigen. Dann wird dir schwindelig, und du setzt dich erst einmal auf einen großen Stein. Der Stein ist überzogen mit eingetrockneten Resten einer roten Flüssigkeit.
Bald siehst du, daß du nur eine Möglichkeit hast, diesen Ort zu verlassen. Ein schmaler Pfad windet sich am Berg entlang, er sieht jedoch ziemlich gefährlich aus.
Da du jedoch nicht den Rest deines Lebens hier oben verbringen willst, faßt du dir ein Herz und schickst dich an, hinunterzusteigen. Lies weiter bei **395**.

281

Der Mann vor dir blickt auf den blanken Stahl, den du ihm entgegenhältst. Dann beginnt sein Gesicht zu leuchten. »Das ist keines von des Dieners Schwertern. Das ist ein Schwert des Guten. Nur einen Schmied im Reich gibt es, der den Stahl so zu schmieden versteht, der besser noch ist als ich. Und der dient schon seit Jahr und Tag einem Baron.« Dann wendet er sich an dich. »Wie ist der Name des Barons?«
Es kann eigentlich nur Baron Schmoll gemeint sein, also antwortest du: »Ich glaube, sein Name ist Schmoll.«
»Das ist er, das ist er!« brüllt der Schmied und umarmt dich. Die Zecher in der Kneipe springen auf, einige laufen hinaus auf den Marktplatz, um die Nachricht zu verbreiten. Lies weiter bei **261**.

282

Du beginnst diesen Sumpf zu hassen. Eigentlich nicht nur diesen. Du haßt alle verdammten Sümpfe dieser Welt. Sümpfe sind im Grunde vollkommen überflüssig. Aber was soll's, du mußt hier raus. Am besten du marschierst geradeaus weiter. Dann lies weiter bei **238**. Oder vielleicht solltest du doch besser abbiegen. Nach rechts? Dann lies weiter bei **322**. Nach links? Dann geht's bei **309** weiter.

283

Mach einen Geschicklichkeitstest. Sollte er mißlingen, lies weiter bei **203**. Gelingt er, geht es bei **339** weiter.

284

Mit aller Kraft hast du dich gegen die Tür geworfen – und diese hat sich im gleichen Moment von selbst geöffnet. Du fliegst in den Raum hinein – erleidest aber keinen Schaden. Lies weiter bei **332**.

285

Der Meuchling, auf den du zeigst, brüllt wütend auf und wirft mit seinem Glas nach dir. Mach einen Geschicklichkeitstest. Wenn er dir gelingt, lies weiter bei **118**. Sollte er mißlingen, lies weiter bei **291**.

286

Die Pfeife gibt einen leisen, hohen, fast unhörbaren Ton von sich. Nichts passiert. Wenn du dir die Pfeife einsteckst, vermerk es bitte auf deinem Abenteuerbogen. Du läßt den Meuchling frei. Lies weiter bei **365**.

287

Wenn du nach links abbiegen willst, lies weiter bei **377**. Wenn du geradeaus weitergehen willst, lies weiter bei **382**. Wenn du rechts abbiegen willst, lies weiter bei **352**. Wenn du zurückgehen und doch kämpfen willst, lies weiter bei **302**.

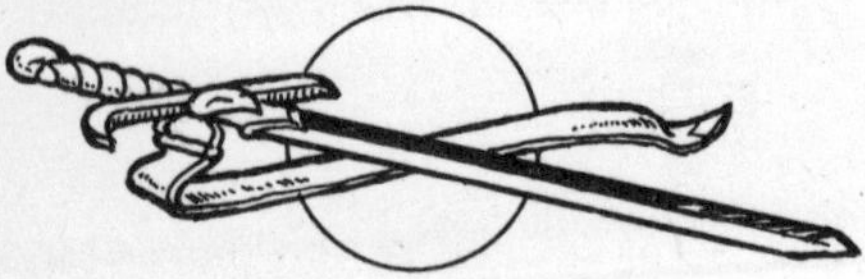

288

Du schlängelst dich geschickt durch die Menschenmenge, bis du wieder in die ruhigeren Seitenstraßen des Städtchens kommst. Du erreichst schließlich das Osttor. An dem müden, gleichgültigen Wächter vorbei läufst du immer in östlicher Richtung, auf einem offensichtlich selten benutzten Feldweg.

Der Boden ist trocken, aber am Himmel hängen dicke, dunkelgraue Wolken.

Je weiter du dich von der Stadt entfernst, um so dichter wird die Vegetation. Nach etwa fünf Meilen sind keine Wagenspuren mehr zu erkennen. In der Wegmitte wachsen meterhohe Halme. Links und rechts stehen nackte Trauerweiden. Dahinter beginnen Sümpfe. Immer häufiger mußt du über schlammige, braune Pfützen springen. Nach weiteren fünf Meilen wird die Gegend felsig, der Pflanzenbewuchs ändert sich jedoch nicht. Langsam wirst du müde. Du machst eine kurze Pause und nimmst einen Schluck aus deiner Flasche.

Du ißt im Laufen ein wenig von deinen Vorräten, setzt aber deinen Weg ohne Rast fort.

Nach sieben bis acht Meilen wird der Feldweg, auf dem du wanderst, von einem Steinbogen überspannt. Sofort fallen dir die letzten Worte des Sehers ein:

Ein Felstor über deinem Weg
zeigt rechten Pfad dir unverhüllt.
Dann wandle über einen Steg,
daß sich dein Schicksal selbst erfüllt.

Nach einer weiteren halben Meile geht der vormals recht breite Weg in einen schmäleren Pfad über. Schließlich erreichst du einen schmalen Brettersteg, der über einen kleinen Sumpfteich führt. Du überquerst ihn und folgst weiter dem Pfad.
Zwischen den hohen Schilfhalmen raschelt es von Zeit zu Zeit. Das kann natürlich auch der Wind sein. Du hast jedoch die ganze Zeit das Gefühl, beobachtet zu werden. Sicherheitshalber ziehst du dein Schwert. Lies weiter bei **160**.

289

Die Maschine beginnt zu rumpeln, die Zahnrädchen drehen sich – es ploppt –, und du darfst dir einen Intelligenzpunkt gutschreiben. Die Maschine ist zerstört, geh zurück zur Straße und lies bei **162** weiter.

290

Such dir bei Station **200** einen neuen Ort zum Erforschen aus. Wenn dies deine *fünfte* Wahl ist oder du keine Lust mehr hast, andere Teile der Stadt zu erforschen, lies weiter bei **205**.

291

Das Bierglas trifft dich, zieh dir einen Stärkepunkt ab. Die anderen Meuchlinge finden diese Szene offensichtlich sehr witzig. Da du keine Lust hast, dich mit vier dieser Monster gleichzeitig anzulegen, beißt du die Zähne zusammen und verschwindest von diesem üblen Ort. Geh zurück zu **200** und triff eine weitere Wahl. Wenn dies deine *fünfte* Wahl ist oder du keine Lust hast, weitere Teile der Stadt zu erforschen, lies weiter bei **205**.

292

Schwer beladen mit Schätzen keuchst du die Treppe hinauf und verläßt sie durch die erstmögliche Tür. Du bist wieder im Burghof. Geh zu Sektion **149** und triff eine neue Wahl.

293

»Wie bitte? Ich verstehe nichts!« sagst du.

»Natürlich«, meint das Wesen, »du bist ja auch ein Mensch! Menschen verstehen fast nie etwas. Du hast mich übrigens köstlich amüsiert. Bist du nicht der, der den Meuchlingen entkommen ist?«

Du nickst.

»Alle Achtung, alle Achtung. Wenn ich die vier Herumtreiber richtig verstanden habe, bist du ihnen und ihren Haustierchen entkommen? Die Bande hockt jetzt mit dicken Köpfen in ihrer Höhle. Sie haben zuviel Angst, sich im Nebel zu verlaufen. Hoho, was habe ich über die griesgrämigen Gesichter gelacht. Aber was willst du eigentlich hier im Sumpf?«

Du sagst ihm, daß die Ruine des Unheils dein Ziel ist.

»Pah, kenne ich nicht. Kann nicht sehr wichtig sein. Aber paß auf: Ich helfe dir zum nächsten Menschenort!«

Bevor du noch etwas fragen kannst, springt das Wesen davon, von einem Teich zum anderen. Es springt dabei so hoch, daß manchmal sein ganzer Körper in der Nebeldekke verschwindet. Du siehst noch, daß es von Zeit zu Zeit mit seinem Spazierstock an ein Schilfbündel, einen Baumstumpf oder einen Stein schlägt. Die Gegenstände beginnen rot zu leuchten, sobald der Stock sie berührt. Nach wenigen Sprüngen ist das Wesen nicht mehr zu sehen.

Du entschließt dich, der gelegten Spur zu folgen. Sobald du einen der leuchtenden Gegenstände berührst, hört dieser auf zu leuchten. Nachdem du eine gute Stunde durch das Moor geirrt bist, lichtet sich der Nebel etwas. Du scheinst dich am Rand des Moores zu befinden. Ganz plötzlich sind auch grüne Bäume und Sträucher zu sehen. Dann erkennst du ganz in deiner Nähe einen hohen Palisadenzaun. Dahinter steigen Rauchfahnen auf. Lies weiter bei **371**.

294

Irgendwie hast du das Gefühl, daß du die ganze Zeit beobachtet wirst. Meuchlinge hätten sicherlich schon angegriffen. Sicherheitshalber ziehst du dein Schwert. Hinter dir hörst du plötzlich ein lautes Zischen. Blitzschnell fährst du herum.

Dein Instinkt hat sich nicht getäuscht. Was du siehst, ist entsetzlich, und du überlegst, ob du davonlaufen sollst. Vor dir hat sich, wie eine Kobra, eine riesige Schlange aufgebaut. Sie erinnert stark an eine Kreuzotter. Nur leider ist sie nicht so klein, sondern aufgerichtet etwa doppelt so groß wie du. Sie züngelt, und ihre Zunge berührt dich fast. Dabei entsteht wieder das laute Zischen. Kein Zweifel: Sie will dich fressen.

Du schlägst im gleichen Moment zu, als sie mit aufgeris-

senem Maul auf dich zustoßen will. Sie hat eine Kampfstärke von 15. Wenn du ihren Kopf verfehlst, beißt sie dich ins Bein, und es ist um dich geschehen. Ein Biß der Otter enthält genügend Gift, dich sofort zu töten.
Triffst du sie, lies weiter bei **323**.

295

Der Meuchling rennt wie der Teufel den Berg hinunter. Wenn du eine Eisenrüstung trägst, mußt du die Verfolgung leider aufgeben (weiter bei **365**).
Trägst du eine andere Rüstung, lies weiter bei **236**.

296

Es gibt vier mögliche Richtungen, in die du gehen kannst. Du kannst geradeaus gehen. Dann lies weiter bei **307**. Du kannst in den Gang hinter dir gehen, weiter bei **373**. Du kannst dem Gang rechts von dir folgen, dann lies weiter bei **386**. Oder du gehst in den Gang links von dir, dann geht's weiter bei **298**.

297

Mit aller Kraft hast du dich gegen die Tür geworfen – und diese hat sich im gleichen Moment von selbst geöffnet. Du fliegst in den Raum hinein und erleidest einen Stärkepunkt Schaden. Lies weiter bei **332**.

298

Nach fünfzehn Schritten macht der Gang einen scharfen Rechtsknick, nach weiteren fünfzehn Schritten stehst du auf einer Kreuzung. Wenn du nach links abbiegen willst, lies weiter bei **393**. Wenn du geradeaus weitergehen willst, lies weiter bei **377**. Wenn du rechts abbiegen willst, lies weiter bei **382**. Wenn du zurückgehen willst, lies weiter bei **352**.

299

Lies weiter bei **335**.

300

Im Schutz der Dunkelheit verläßt du die Stadt. Du kommst an einem Gnomenwächter vorbei, ähnlich dem, der dir beim Betreten der Stadt so viele Schwierigkeiten bereitet hat.
Du blickst dich noch einmal um und betrachtest die Lichter der Stadt. Du verläßt diesen relativ sicheren Ort auf der Suche nach der Ruine des Unheils. Der Magier des Königs, der dir im Traum erschienen ist, hat versprochen, dir den Weg zu weisen. Und wenn er dir bis jetzt noch nichts anderes gesagt hat, wird dies wohl der sicherste Weg sein.
Sicheren Schrittes marschierst du die befestigte Straße entlang. Auf einmal hörst du ein leichtes Schwingen in der Luft. Du blickst nach oben und siehst einen riesigen Schwarm Fledermäuse über deinem Kopf. Du fürchtest dich eigentlich nicht vor diesen Tieren, denn in deinen langen Nächten als Hirte deiner Einhornherde bist du ihnen häufig genug begegnet. Doch was diese Fledermäuse tun, läßt dir das Blut in den Adern gefrieren. Sie flattern nämlich aufgeregt herum, stoßen spitze Schreie

aus und bewegen sich ungelenk, als würden sie von unsichtbaren Fäden gesteuert: Sie bilden ein riesiges Auge am Himmel, ein Auge, daß dich mit ungeheurer Bosheit anstarrt.
Dir ist, als hättest du dieses scheußliche schwarze Auge schon einmal gesehen; Ekel überkommt dich, als du an den Schöpfer dieses üblen Machwerks denkst. Yyuck!!!
Mach einen Intelligenztest, wenn er dir mißlingt, mußt du dir einen Punkt Intelligenz abziehen, so sehr hat dich diese Szene erschreckt.
Du hüllst dich fest in deinen Mantel und springst geduckt in den Wald hinein, der die Straße säumt. Dort werden dich die Fledermäuse unmöglich weiter beobachten können. Und tatsächlich, das große Auge am Himmel löst sich wieder in seine Bestandteile auf: Tausende von Fledermäusen, die sich kreischend in alle Himmelsrichtungen entfernen. Lies weiter bei **116**.

301

»Zeig es halt her, dein Schwert, wenn du schon nicht aus der Ruine kommst, dann brauchst du auch keine Angst zu haben.«
Wenn du immer noch stur bleibst, lies weiter bei **361**.
Wenn du ihm die Klinge zeigst, lies weiter bei **281**.

302

Kämpf zunächst gegen die erste Spinne. Sie hat eine Kampfstärke von 14, durch jeden Biß der Spinne verlierst du einen Geschicklichkeitspunkt. So lange du mit ihr kämpfst, greifen die anderen beiden Spinnen nicht an. Jede der drei Spinnen ist nach einem Treffer von dir tot. Wenn die erste Spinne tot ist, greifen die anderen beiden gleichzeitig an. Du kannst dich nur gegen jeweils eine von ihnen zur Wehr setzen.

Die zwei anderen Spinnen haben ebenfalls eine Kampfstärke von 14. Da es sich bei ihnen jedoch um ausgewachsene Exemplare handelt, verlierst du durch ihren Biß zwei Geschicklichkeitspunkte.
Wenn du dem alten Mann auf dem Markt ein Fläschchen Wunderelixier abgekauft hast, lies weiter bei **349**.
Sonst lies weiter bei **328**.

303

Du gibst dem Meuchling die Pfeife zurück und läßt ihn frei. Überglücklich rennt er davon. Lies weiter bei **365**.

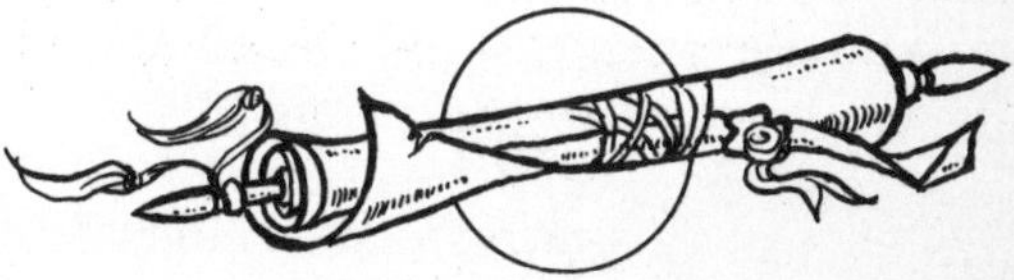

304

Dieser Gang macht nach einigen Schritten eine Biegung. Du schaust vorsichtig um die Ecke, kannst allerdings nichts sehen, was dir gefährlich werden könnte. Du gehst also weiter und kommst an eine Kreuzung. In der Mitte der Kreuzung steht eine Schale, die halbvoll mit grauer Asche ist.
Wenn du nach rechts gehen willst, lies weiter bei **191**.
Wenn du nach links gehen willst, lies weiter bei **103**.
Wenn du geradeaus gehen willst, lies weiter bei **129**.
Wenn du die Schale näher untersuchen willst, lies weiter bei **175**.

305

Die Leiter, die früher einmal in diese Hütte geführt hat, ist vollkommen vermodert. Schließlich kletterst du an einem der Pfähle hoch, auf denen die Hütte steht. Wenn du eine Rüstung aus Eisen anhast, mußt du diese leider ablegen.
Du erreichst schließlich den Hütteneingang. Durch vier kleine Fenster der Hütte und durch das geborstene Dach fällt etwas Licht. Im Inneren der Hütte kannst du sehen, daß der Boden aus roh gezimmerten Holzplanken besteht. In der Mitte des Raumes steht ein grober Tisch. Auf diesem Tisch liegt ein dickes, mit golden glänzenden Beschlägen verziertes Buch. Mach einen Intelligenztest.
Wenn er mißlingt, lies weiter bei **269**.
Wenn er gelingt, lies weiter bei **372**.

306

Der Weinhändler ist ein netter Mann. Er bietet dir an, bei ihm zu bleiben. Für freie Kost und Unterkunft und soviel Wein, wie du trinken willst, sollst du sein Gehilfe werden. Was für ein wunderbarer Vorschlag.
»Supergut«, rufst du.
Der Händler gibt dir noch einen Becher Wein. »Aus dir wird einmal ein sehr guter Weinhändler werden«, meint er fröhlich.

ENDE.

307

Nach etwa zehn Schritten macht der Gang eine scharfe Linkskurve. Nach weiteren fünfzehn Schritten kommst du auf eine andere Kreuzung. Wenn du geradeaus weitergehen willst, lies weiter bei **393**. Willst du nach rechts abbiegen, lies weiter bei **377**. Entscheidest du dich dafür, in den linken Gang zu gehen, lies weiter bei **352**.
Wenn du lieber wieder zurückgehen willst, lies weiter bei **382**.

308

Leg einen Intelligenztest ab. Wenn er gelingt (und nur dann!) lies weiter bei **151**. Wenn er dir nicht gelingt, geht es bei **186** weiter.

309

Vielleicht läufst du die ganze Zeit im Kreis herum und merkst es nicht? Die Schilfhalme scheinen sich sofort von selbst wieder aufzurichten. Wenn du geradeaus weitergehen willst, lies weiter bei **180**. Wenn du rechts abbiegen willst, lies weiter bei **270**. Wenn du nach links abbiegen willst, lies weiter bei **357**.

310

Du gehst weiter die Straße entlang und entdeckst auf der rechten Seite eine kleine Hütte am Wegesrand. Du schaust hinein und siehst, daß auf einem Tisch in der Mitte des Zimmers eine große Truhe steht. Willst du hineingehen, um dir die Truhe genauer anzusehen: weiter bei **141**. Oder willst du einfach weitergehen: weiter bei **320**.

311

Du kommst auf einen Platz, in dessen Mitte sich eine Bühne befindet, auf der zwei Meuchlinge sich unter lautem Beifall des Publikums gegenseitig verprügeln. Nachdem einer der beiden Meuchlinge bewegungslos auf den Brettern liegt, wird ein Herausforderer gesucht. Ein Mann mit einem Zylinder und einer grellen Stimme bietet demjenigen zehn Goldmünzen, der ›Hurzt den Meuchling‹ besiegt.
Wenn du die Herausforderung annimmst und gern kämpfen möchtest, lies weiter bei **398**.
Ansonsten gehe zurück zu **200** und triff eine andere Wahl. Wenn dies deine *fünfte* Wahl war oder du keine Lust hast, die Stadt Tomkaga weiter zu erforschen, lies weiter bei **205**.

312

Du möchtest noch nicht schlafen und stolperst weiter durch den Wald. Dieser wird immer dichter und dichter, dir ist, als würde er versuchen, dich in die Irre zu locken. Doch du gehst standhaft weiter, bis du schließlich feststellen mußt, daß du dich verlaufen hast. Da es keinen Sinn hat, im Dunkeln nach einem Weg oder der Straße zu suchen, bereitest du dir ein kleines Lager und legst dich schlafen. Im Traum merkst du, wie jemand nach dir sucht, es scheint Gassquix der Magier des Königs zu sein. Doch so sehr du dich auch bemühst, mit ihm in Kontakt zu kommen, es gelingt dir nicht. Irgendeine schwarze böse Macht scheint zu verhindern, daß dich der Magier im Traum erreicht.
Als du erwachst, suchst du die Straße und findest sie auch sehr schnell. Lies weiter bei **102**.

313

Du entschließt dich, die Tür aufzubrechen. Mach einen Stärketest. Wenn er gelingt, lies weiter bei **297**. Wenn er mißlingt, lies weiter bei **284**.

314

Würfle noch einmal. Schreib dir das Ergebnis auf deinen Fantásia-Bogen gut. Du kannst alle Punkte bei einer Eigenschaft gutschreiben, oder die Punkte auf verschiedene Eigenschaften verteilen. Lies weiter bei **290**.

315

Der Öppelmann greift dich immer noch an (Kampfstärke 17). Der Kampf geht so lange weiter, bis du ihn triffst. Dann lies weiter bei **359**.

316

Wie es dir der blinde Seher geraten hat, verläßt du die Stadt durch das Osttor. Du hast schlecht geschlafen. Ein Alptraum hat dich geplagt. Irgend etwas hat dich mit dünnen, aber zähen Seidenfäden gefesselt.
Der Gang durch die kleinen Gassen der Stadt verbessert deine Laune etwas.
Als du auf einen größeren Platz kommst, stellst du fest, daß heute Markttag ist. Du gehst an stinkenden Fischständen, bunten Stoffballen, Obst-, Getreide- und Metallwarenständen vorbei und siehst bunten Gauklern beim Jonglieren zu.
Ein Alter mit einem grellbemalten Wagen interessiert dich. Er steht etwas erhöht. Mit lauter Stimme preist er ein Wundermittel an. »Reich belohnt haben mich der König und die Königin von Abbas. Trachäa, die Königin

des Reiches der Spinnen, entlohnte mich mit sechsundsechzig Ballen feinster Seide. Dieses Mittel«, und dabei schwenkt er eine kleine Flasche, »ist wie alle wahrhaft wirksamen Heilmittel ein starkes Gift. Kein Mensch außer mir weiß um seine Herstellung. Ich wiederum habe das Rezept von meinem Vater, der von meinem Großvater, und dieser stahl es einst einer mächtigen Hexe. Ein Goldstück ist eigentlich viel zuwenig für dieses Elixier, jede Wunde wird in ihrer Heilung begünstigt. Habt ihr zuviel getrunken und schauderhaft Kopfschmerzen, so nehmt einen Tropfen auf ein Glas Wasser, und ihr fühlt euch wie neugeboren. Im Winter auf Frostbeulen aufgetragen, läßt es diese, ehe man noch recht sieht, verschwinden!«

So redet der Alte noch ein halbes Stündchen weiter, bis die Menschentraube um seinen Stand groß genug geworden ist. Dann steigt er von der Obstkiste herunter, um sein Wundermittel zu verkaufen.

Wenn du weitergehst, lies weiter bei **123**.

Wenn du trotz des hohen Preises ein Fläschchen kaufst, lies weiter bei **344**.

317

Lies weiter bei **384**.

318

Am nächsten Morgen wachst du in einem Gästezimmer des Wirtes auf. Du fragst den Wirt, wie du zur Burg der tausend Fragen kommst. Dabei erfährst du, daß der Diener des Bösen regelmäßig Steuern für seinen Herrn in der ehemals wohlhabenden kleinen Siedlung eintreibt. Sein Herr hat durch einen mächtigen Zauber einen magischen Nebel erschaffen, in dem sich jeder Moorwanderer

unweigerlich verirren muß. Außerdem wird das Moor von eigentümlichen Geschöpfen bewohnt, denen die – auf Befehl des Dieners des Bösen – waffenlosen Stadtbewohner völlig wehrlos gegenüberstehen. Es gibt nur noch einen Weg in die Moorsiedlung, nämlich einen Feldweg, der völlig nebelfrei ist. Dieser bietet die einzige Verbindung zur Außenwelt.
Du schnürst dein Bündel und verläßt am späten Morgen die Siedlung. Alle Bewohner folgen dir bis zum Tor. Lies weiter bei **384**.

319

Du triffst auf eine blinde, alte Frau, die in einer Holzschale eine große Menge kleiner Schriftrollen zum Verkauf anbietet. Jede Schriftrolle kostet ein Goldstück. Wenn du dich entscheidest, eine Schriftrolle zu kaufen, streich dir ein Goldstück weg und würfle einmal:

1 Lies bei **124** weiter.
2 Lies bei **127** weiter.
3 Lies bei **387** weiter.
4 Lies bei **334** weiter.
5 Lies bei **360** weiter.
6 Lies bei **347** weiter.

Wenn du keine Schriftrolle kaufen möchtest, lies weiter bei **200**. Wenn dies deine *fünfte Wahl* ist oder du keine Lust mehr hast, andere Teile der Stadt zu erforschen, lies weiter bei **205**.

320

Nach einer Weile teilt sich die Straße. Ein Weg führt nach Südosten, der andere nach Südwesten. Ein Schild mit unverständlichen Symbolen, deren Lesen dich schaudern macht, zeigt nach Südwesten. Wenn du nach Südwesten gehen willst, lies weiter bei **181**. Wenn du nach Südosten gehen willst, geht es bei **321** weiter.

321

Die Straße beginnt nach einiger Zeit sehr trocken und staubig zu werden. Wenn du jedoch nach Osten blickst, kannst du in weiter Ferne einen dunstigen Nebel erkennen, als ob dort tiefe Sümpfe lägen. Du bist froh, daß du dich auf einer befestigten Straße befindest.

Die Sonne sinkt, und als ihre letzten Strahlen über den trockenen Horizont gleiten, suchst du dir einen Platz zum Übernachten.

Als du schließlich Schlaf findest, erscheint dir Gassquix der Hofmagier. Sein Bart scheint inzwischen grauer geworden zu sein. »Junge, du hast dich hoffnungslos verlaufen. Der 1. Diener des Bösen hat deine Schritte in die Irre gelenkt, ich habe kaum Hoffnung, daß du die Ruine noch rechtzeitig erreichen wirst. Es gibt nur eine Möglichkeit. Sprich die Formel

Plitzplatz sofortum!
Zeit und Raum
Göoasegf Fförnkjoi
stören kaum!
Ysbdhmöjo Vafyvhg
Raum und Zeit!
Xfhekiloö Zaqwesd
Plitzplatz sofortum

Und blick dabei gen Süden. Denk fest an die Ruine. Irgendwie wird es dir schon gelingen, dich dorthin zu zaubern.
Du erwachst. Lies weiter bei **113**.

322

Wie aus einem Nichts tauchen vor dir plötzlich senkrecht in den Boden gerammte Pfosten auf. Es handelt sich um die Reste eines Palisadenzaunes, dessen Stämme jedoch fast alle verfault und umgefallen sind. Du steigst über die verrotteten Bohlen und befindest dich in einem Dorf. Der Boden unter deinen Füßen besteht aus gestampftem Lehm, in dem sich jetzt ein feines Netzwerk aus Rissen aufgetan hat. In diesem Dorf stehen fünf Hütten im Kreis, entlang den Resten des Palisadenzaunes.
Sie stehen alle auf etwa fünf Schritt hohen Baumstämmen. Jede von ihnen ist etwa zwanzig mal zwanzig Schritte groß, die Wände bestehen aus waagrechten Holzstämmen. Die Dächer dieser Häuser sind sehr steil und hoch. Man hat für sie wohl Schilfrohr als Baumaterial verwendet. Soweit du jedoch erkennen kannst, sind alle Dächer mittlerweile eingestürzt. Zwischen den verfallenen Häusern hängt der Nebel. Kein Lebenszeichen kommt aus dem Dorf. Offensichtlich ist es schon vor langer Zeit verlassen worden. Weiter bei **330**.

323

Die Schlange stößt einen grellen, fast menschlichen Schrei aus. Dann beginnt sie vor deinen Augen zu schrumpfen. Sie wird immer kleiner. Kleine, häutige Flügel wachsen aus ihrem Rücken, ihre Farbe verändert sich etwas, dem kleinen Wesen vor dir wachsen Haare und kleine Füße. Bevor du noch etwas tun kannst, liegt am Boden vor dir eine Fledermaus, die sich aufrappelt und davonfliegt. Bevor sie sich in die Luft schwingt, kannst du erkennen, daß ihr einer Flügel silbern glänzt. Schnell verläßt du diesen Ort. Es ist, als sei ein Fluch von diesem Moor genommen. Weiter bei **322**.

324

Es ist dem Vogel gelungen, dich mit seinen knochigen Krallen zu greifen. Er trägt dich hoch in die Luft, allerdings wird ihm die Last schon nach kurzer Zeit zu schwer und unbequem. Er läßt dich fallen.

ENDE

325

Du unterhältst dich noch eine Weile mit dem Buchhändler, erfährst allerdings keine Dinge, die von größerer Bedeutung für dich sind. Als du dich schließlich auf den Rückweg machst, stellst du fest, daß es schon sehr spät geworden ist und du keine Zeit hast, die Stadt weiter zu erforschen. Lies weiter bei **205**.

326

Du fällst mehrere Meter tief, es gelingt dir jedoch, den Sturz geschickt abzufangen, ohne daß du dabei Schaden nimmst. Lies weiter bei **268**.

327

Das riesige Bergmonster (Kampfstärke 17) springt in die Grube und versucht dich zu packen. Er fügt dir bei jedem Treffer 2 Stärkepunkte und 1 Geschicklichkeitspunkt Schaden zu. Du schlägst zu. Wenn du es triffst, lies weiter bei **359**. Wenn du danebenschlägst, lies weiter bei **315**.

328

Du mußt gegen die zwei restlichen Spinnen kämpfen. Sie haben eine Kampfkraft von 14. Sie verursachen bei jedem Treffer zwei Punkte Geschicklichkeitsschaden.
Wenn du alle Spinnen besiegst, lies weiter bei **348**.

329

Der Meuchling ist sehr stark, aber er kann dich nicht zu Boden werfen. Du versuchst deinerseits, ihn zu Fall zu bringen. Leg einen Geschicklichkeitstest ab. Wenn er gelingt, lies weiter bei **275**. Wenn nicht, geht es bei **378** weiter.

330

Welche Hütte willst du nun untersuchen?

Lies weiter bei der entsprechenden Nummer.
Wenn du das Dorf verlassen willst, geht es bei **133** weiter.

331

Du lenkst deinen Schlag auf den 1. Diener des Bösen – und triffst. Er sinkt in sich zusammen – und das ist auch schon das letzte, was du siehst. Als dich die geflügelten Monster ergreifen und wegtragen, hast du die Gewißheit oder Hoffnung, Fantasia vom 1. Diener des Bösen befreit zu haben. Trotzdem ist dies dein

ENDE.

332

Du reibst dir die schmerzenden Knochen und betrachtest erstaunt die Ausmaße des Raumes, in dem du dich befindest. Er ist mindestens dreimal so groß, wie er eigentlich sein dürfte. Zweifellos ist dies das Werk der üblen Magie des 1. Dieners des Bösen. In dem Raum steht ein großer Arbeitstisch, auf dem viele Schriftrollen liegen. Neben dem Schreibtisch siehst du einen größeren Gegenstand, der mit einem dunklen Tuch bedeckt ist. Vor den Fenstern befinden sich ebenfalls schwarze Vorhänge. Von dem bösen Magier ist allerdings nichts zu sehen.
Wenn du dir zunächst die Schriftrollen betrachten willst, lies weiter bei **308**.
Wenn du die schwarzen Vorhänge beiseite schieben willst, um einen Blick aus dem Fenster zu werfen, lies weiter bei **272**.
Wenn du dir den Gegenstand anschauen möchtest, der mit dem schwarzen Tuch verhangen ist, lies weiter bei **337**.

333

Du bleibst weiter Champion und verbringst viele erfolgreiche Wochen in Tomkaga. Deine Goldbörse wird dick, und dein Ansehen steigt.
Als nach sechzig Tagen der Diener des Bösen mit seinen Meuchlingen Tomkaga überfällt und seine Bewohner versklavt, hast du schon längst vergessen, daß es eigentlich deine Aufgabe gewesen ist, diese Katastrophe zu verhindern.

ENDE

334

Du öffnest die Schriftrolle und liest:

6789478
(Kleingewinn)

Du überreichst der blinden alten Frau die Rolle und erhältst als Gewinn ein Päckchen Rübsam. Notiere dies auf deinem Fantasia-Bogen.
Wenn du noch eine andere Schriftrolle kaufen willst, gehe zurück zu **319**. Wenn du keine Schriftrolle kaufen möchtest, lies weiter bei **200**. Wenn dies deine *fünfte Wahl* ist oder du keine Lust mehr hast, andere Teile der Stadt zu erforschen, lies weiter bei **205**.

335

Mit einer einzigen geschickten Bewegung reißt dir der Meuchling die Beine vom Boden. Mit aller Kraft stürzt er auf dich und drückt dir die Luft ab. Schließlich mußt du aufgeben.
Streich dir einen Stärkepunkt und einen Geschicklichkeitspunkt weg und lies weiter bei **200**, um einen anderen

Teil dieser Stadt zu erforschen. Wenn du keine Lust auf weitere Unternehmungen hast oder dies deine *fünfte* Wahl war, lies weiter bei **205**.

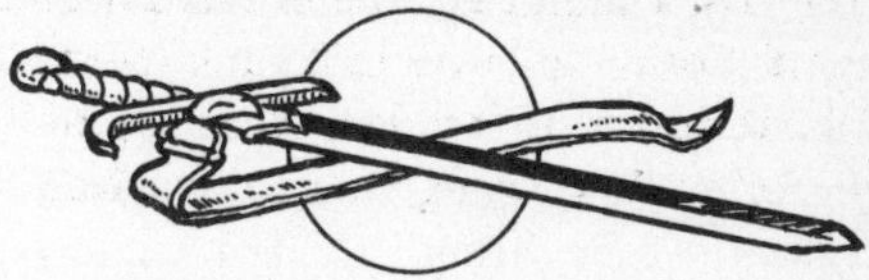

336

Du kannst den Weg nicht wiederfinden. Er ist einfach verschwunden. Du beginnst an deinem Verstand zu zweifeln: Vielleicht hat es nie einen Weg gegeben? Zwischen den vielen schwarzen Teichen könnten hundert Trampelpfade sein – oder gar keine. Manchmal sinkst du mit einem Fuß plötzlich knietief ein. Es gelingt dir jedoch immer, deine Füße aus den Schlammlöchern zu ziehen. Aber das kostet Kraft. Ein Umkehren gibt es nicht, denn du weißt nicht, wohin du zurück sollst. Und über allem hängt der Nebel. Lies weiter bei **342**.

337

Mit einem Ruck ziehst du das schwarze Tuch weg. Und siehst einen Spiegel. Einen grauenhaften Spiegel, dessen Rahmen das entsetzlich aufgerissene Maul eines Dämonen ist. Kaum hast du in den Spiegel geblickt, als es dich auch schon hineinzieht. Du verlierst für einen kurzen Moment das Bewußtsein, und als du wieder zu dir kommst und die Augen aufreißt, siehst du dich in einem fantastischen Raum.
Du liegst auf einem cremegelben Samtkissen – direkt neben dem 1. Diener des Bösen. Er sieht ganz anders aus,

als du gedacht hast, er erinnert dich mehr an einen Prinzen als an einen bösen Magier. Er spricht dich freundlich an.
»Willkommen, junger Abenteurer! Schön, daß du endlich hier bist. Ich habe lange auf dich gewartet. Aber daß du jetzt gekommen bist, zeigt mir, daß ich richtig gehandelt habe. Du sollst von nun an an meiner Seite sitzen und Fantásia regieren. Bald werden wir das Land vom Bösen gereinigt haben.« Mit diesen Worten reicht er dir seine Hand.
Was willst du tun? Wenn du dem Mann die Hand geben willst, um mit ihm zusammen Fantásia zu regieren, lies weiter bei **364**.
Wenn du ihn angreifen willst, lies weiter bei **244**.

338

Vorsichtig näherst du dich dem Skelett. Als du nur noch eine Armlänge von ihm entfernt bist, beginnen die leeren Augenhöhlen plötzlich rot zu leuchten. Bevor du noch zurückweichen kannst, fällt der Unterkiefer des Gerippes herunter, und ein krächzendes: ›Luzifuge, wag es nit!‹ ertönt. Dann erlischt das rote Leuchten in den Augen des Knochenmannes. Wenn du ihm immer noch den Ring abnehmen willst, lies weiter bei **350**.
Wenn du statt dessen lieber eine weitere Hütte erkunden willst, lies weiter bei **330**.
Wenn du das Dorf verlassen willst, lies weiter bei **133**.

339

Unter dir gähnt Leere. Blitzschnell hältst du dich an einem Mauervorsprung fest. Solltest du große Schatzmengen mit dir führen, so mußt du sie leider von deinem Fantásia-Bogen streichen. Geh zu **149** und triff eine neue Wahl.

340

Wenn du geradeaus gehen willst, lies weiter bei **352**. Wenn du rechts abbiegen willst, lies weiter bei **393**. Wenn du nach links abbiegen willst, lies weiter bei **382**. Wenn du zurückgehen willst, lies weiter bei **377**.

341

Mit einem gewaltigen Satz hast du den Meuchling eingeholt und fegst ihm mit einem gezielten Tritt die Beine vom Boden. Der Meuchling verliert das Gleichgewicht und überschlägt sich. Es handelt sich offensichtlich um ein sehr junges Exemplar, das große Angst vor dir zeigt.
»Was hattest du da oben verloren?« fragst du das Wesen.
»Guckmach, nix, nur guckmach!« jammert der Meuchling.
Du durchsuchst ihn. Er hat einen kleinen Dolch bei sich, den du ihm abnimmst. Außerdem trägt er an einem Lederband eine kleine silberne Pfeife um seinen schmutzigen Hals.
»Was macht man damit?« fragst du den Meuchling.
Dieser scheint dich verstanden zu haben und ruft eifrig: »Singmach, singmach!«
Willst du die kleine Pfeife einmal ausprobieren, dann lies weiter bei **286**. Wenn du sie dem Meuchling zurückgibst, lies weiter bei **303**. Wenn du sie dir einsteckst, ohne sie auszuprobieren, lies weiter bei **381**.

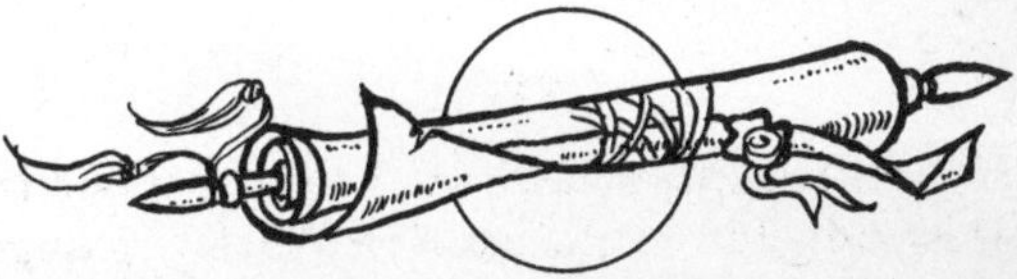

342

Plötzlich hörst du ein herzliches, lautes Lachen. Dies ist nun wirklich das letzte Geräusch, das du an dieser Stelle erwartet hättest. Dieses Lachen scheint nicht, wie alle anderen Geräusche, durch den dichten Nebel gedämpft zu werden, sondern es ist klar und deutlich zu hören und kommt mit überraschender Geschwindigkeit immer näher.

Du kannst versuchen, dich hinter einem kleinen verkrüppelten Baum zu verstecken: Lies weiter bei **260**. Wenn du vorsichtig abwarten möchtest, lies weiter bei **246**.

343

Im verräucherten kleinen Innenraum hocken etwa zwanzig ältere Männer vor tönernen Bierkrügen. Sie unterhalten sich lebhaft, als du jedoch die Tür hinter dir schließt, sprechen sie immer leiser. Einige von ihnen mustern dich verstohlen, andere tun so, als ob sie dich nicht bemerken würden. Du stellst dich an die Theke und bestellst dir einen Krug Bier.

Der Wirt kommt auf dich zugeschlurft und stellt einen Krug vor dich hin. Die Männer beginnen sich wieder zu unterhalten.

Nach einiger Zeit kommt der Wirt auf dich zu. »Fremder, was führt dich zu uns?«

»Ich wandere zur Ruine des Unheils«, antwortest du.

»Dann kommst du also nicht von ihr?« fragt der Wirt, und sein fettglänzendes rundes Gesicht verrät höchste Überraschung.

»Nein«, sagst du, »ich komme aus dem Moor!«

»Habt ihr das gehört«, ruft der Wirt in den Schankraum, »er kommt aus dem Moor!«

Brüllendes Gelächter von allen Seiten.

Als das Gelächter leiser wird, wendet sich der Wirt

wieder an dich. »Kein Mensch überlebt das Moor, weißt du das? Aus diesem Ort führt nur ein Weg heraus, und der führt zur Ruine. Als dieser Ort gegründet wurde, früher, als mein Vater noch lebte, da gab es noch andere Wege. Ich will verdammt sein, wenn du nicht dem Diener des Bösen unterstellt bis. Vielleicht bist du es sogar selbst. Zeig nur deinen silbernen Arm.«

Du krempelst beide Ärmel hoch.

»Das sagt noch gar nichts. Dann bist du eben nur ein Spitzel. Keiner, der an der Ruine vorbeikommt, darf sein Schwert behalten.«

Du beginnst deinen Weg durchs Moor zu schildern.

Plötzlich steht ein gedrungener Mann in einer Lederschürze auf, kommt auf dich zu und sagt mit einer tiefen Stimme zu dir: »Zeig mir dein Schwert!«

Was sollst du tun? Du kannst ihm die Bitte abschlagen: Lies weiter bei **301**. Oder du ziehst dein Schwert und zeigst es ihm: Lies weiter bei **281**.

344

Der Alte gibt dir das Fläschchen und sieht dir dabei für einen Moment sehr ernst und fast voller Mitleid in die Augen. Er drückt dir das ›Wundermittel‹ in die linke Hand, nimmt aber kein Geld von dir an. Dann wendet er sich seiner übrigen Kundschaft zu.

Du versuchst, dich zu ihm durchzuboxen, um ihn zu fragen, warum er kein Geld von dir nehmen will, doch als du ihn für einen kurzen Moment ansprichst, ignoriert er dich einfach. Schließlich drängt dich die Menschenmenge zurück. Du kämpfst dich aus dem Gedränge heraus, öffnest das Fläschchen und riechst daran. Sein Inhalt riecht stechend und steigt dir in den Kopf. Sofort steckst du den kleinen Korken wieder fest in die Öffnung. Dann läßt du die Flasche im Innenfach deiner Ledertasche verschwinden. Lies weiter bei **288**.

345

Bravo. Dein Schwertgriff wird plötzlich ganz heiß. Bevor du es fallen lassen kannst, erkaltet der Griff und wird in Sekundenschnelle so kalt wie Eis. Du hast mit deinem Schwert der Furcht ein Geschöpf getötet, das sich vor dir gefürchtet hat. Von nun an mußt du in jedem Kampf *zweimal* treffen, damit das Schwert der Furcht wirkt. Vermerke das auf deinem Fantásia-Bogen.
Lies weiter bei **365**.

346

Du pfeifst, mal fester, mal weniger fest. Leider ist der Pfeife kein lauter Ton zu entlocken. Plötzlich, während du noch in das kleine Silberröhrchen pustest, erscheint am Grubenrand ein zur Grimasse verzogenes Gesicht mit einer langen, gurkenförmigen Nase, unzähligen kleinen Runzeln und Falten und roten Wangen. Der Besitzer dieses Gesichtes hält sich beide Ohren zu und brüllt zu dir hinunter: »Aufhören, hör auf, hör auf. Idiotenmensch!«
Also hörst du auf. Der Gurkennasige nimmt die Hände von den Ohren und raunzt dich an: »Woher hast du die Sammlungspfeife?«
Während er dies fragt, erscheinen weitere Gurkennasen am Grubenrand.
Du erzählst ihnen von deinem Kampf mit dem Riesenvogel. Die Gurkennasen sehen einander erfreut an.
»Er hat den Wegtrager erschlagen«, sagt einer.
Als sie noch hören, daß du die Meuchlinge nicht besonders leiden kannst, lassen sie ein Seil in die Grube hinunter und ziehen dich mit vereinten Kräften hoch. Oben bist du erstaunt, wie klein deine Retter sind. Es handelt sich um Zwerge. Sie beschließen, dich in ihre Höhlen mitzunehmen.

Die Zwerge führen dich in ihre Höhle und verbinden deine Wunden. Dann geben sie dir einen Heiltrunk, der alle Intelligenz-, Geschicklichkeits- und Stärkepunkteverluste aufhebt.
Sie erzählen dir, daß du in eine Öppelmannfalle gefallen warst.
Die Öppelmänner sind riesige, unintelligente Bergmonster, die mit Vorliebe Zwergensiedlungen überfallen und Zwerge essen.
Du erzählst den Zwergen von deiner Aufgabe. Diese sind ganz begeistert, denn ihre Feinde, die Meuchlinge, kommen einem Gerücht zufolge aus der Ruine des Unheils. Lies weiter bei **265**.

347

Du öffnest die Schriftrolle und liest:

22
(Hauptgewinn)

Wenn du den Gewinn einlösen möchtest, lies weiter bei **379**. Wenn du eine weitere Schriftrolle kaufen möchtest, lies weiter bei **200**. Wenn dies deine *fünfte* Wahl ist oder du keine Lust mehr hast, andere Teile der Stadt zu erforschen, lies weiter bei **205**.

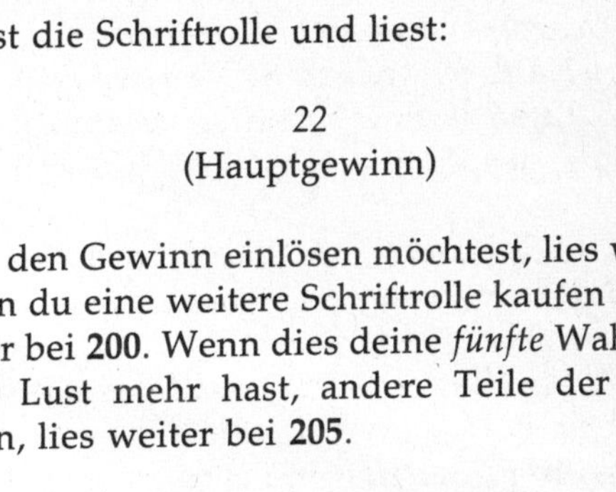

348

Erschöpft näherst du dich der Quelle. Von dem blauen Licht geht eine magische Anziehungskraft aus.
Du kannst ihr nicht widerstehen – du tauchst deinen Kopf in das leuchtende Wasser und trinkst. Im gleichen Moment fühlst du, wie du stärker wirst. Die zugefügten Bisse und Wunden heilen sofort. Nicht einmal Narben verbleiben. Deine Kampfstärke ist wieder wie vor dem Kampf gegen die Spinnen.
Die Quelle hat noch einen zusätzlichen Effekt: Wann immer du nun gegen ein Monster kämpfst, kannst du zu deiner Kampfstärke 1 hinzuzählen. Notiere dies auf deinem Fantásia-Bogen.
Du stehst wieder auf und siehst dich um. Die Halle, in der du dich befindest, kann nur auf dem Weg verlassen werden, durch den du sie betreten hast. Du kommst also zurück auf die Kreuzung.
Hier hast du drei Möglichkeiten weiterzugehen.
Du kannst geradeaus weitergehen (weiter bei **354**), du kannst rechts abbiegen (weiter bei **394**) oder links abbiegen (weiter bei **276**).

349

Du willst also das Wundermittel gegen die Spinnen anwenden. Du reißt es blitzschnell aus deiner Tasche, entfernst den Stöpsel und gießt die Flüssigkeit einem der Krabbelmonster übers haarige Haupt.
Die getroffene Spinne flieht einige Schritte, bewegt sich dann immer langsamer, zieht ihre langen, haarigen Beine an ihren Körper, zuckt einige Male und bewegt sich dann nicht mehr. Du hast nur noch gegen eine Spinne zu kämpfen. Sie hat eine Kampfkraft von 14 und fügt dir bei jedem Treffer zwei Geschicklichkeitspunkte Schaden zu. Wenn du die andere Spinne ebenfalls besiegst, lies weiter bei **348**.

350

Das Skelett bewegt sich nicht mehr. Also frisch gewagt. Kaum berührst du jedoch den Ring, durchfährt dich ein furchtbarer Schmerz. Du blickst auf deine Hand, die den Ring berührt. Sie ist grau geworden, und das Fleisch schrumpft zusammen. Das gleiche passiert mit deinem Arm. Dein Unterarmknochen tritt jetzt deutlich hervor. Der Schmerz wird unerträglich.

Es ist vorbei.

Dein Skelett liegt zusammen mit anderen irgendwo in einem toten Sumpfdorf. Das ist dein Ende, Leichenfledderer.

ENDE

351

Die Maschine beginnt zu rumpeln, die Zahnrädchen drehen sich – es rappelt. Schreibe dir drei Geschicklichkeitspunkte gut. Du hast soeben die einzige Maschine von ganz Fantásia außer Betrieb gesetzt. Geh zurück zur Straße und lies bei **162** weiter.

352

Nach fünfzehn Schritten macht der Gang eine scharfe Linkskurve. Nach weiteren fünfzehn Schritten befindest du dich auf einer Kreuzung. Wenn du nach rechts abbiegen willst, lies weiter bei **373**. Wenn du geradeaus weitergehen willst, lies weiter bei **386**. Wenn du nach links abbiegen willst, lies weiter bei **307**. Wenn du umkehren willst, lies weiter bei **298**.

353

Du bemühst dich, immer in eine Richtung zu gehen. Der Boden unter deinen Füßen wird schließlich immer fester. Offensichtlich befindest du dich jetzt am Rand des Sumpfes. Plötzlich steckst du bis zur Brust in einem Sumpfloch. Mach erst einen Geschicklichkeits-, dann einen Stärketest. Mißlingt einer der beiden Tests, so verlierst du in der anderen Eigenschaft einen Punkt. Weiter bei **210**. Mißlingen beide Tests, gelingt es dir nicht, aus dem Schlammloch zu entkommen. Führe die gesamte Prozedur noch einmal durch.

354

Nach fünfzehn Schritten macht der Gang einen scharfen Rechtsknick. Nach weiteren fünfzehn Schritten stehst du auf einer Kreuzung, die dir bekannt vorkommt. Du kannst geradeaus weitergehen. Dann lies weiter bei **396**. Du kannst links abbiegen, dann lies weiter bei **178**. Du kannst rechts abbiegen, dann lies weiter bei **259**. Du kannst aber auch zurückgehen, dann lies weiter bei **254**.

355

Lege einen Intelligenztest ab. Wenn er gelingt, lies weiter bei **389**. Sollte dir der Test nicht gelingen, geht es bei **333** weiter.

356

Du zerschmetterst die Kristallkugel mit einem wuchtigen Schlag. Kaum hast du sie zerstört, als die geflügelten Monster wieder zu Rauch werden. Der 1. Diener des Bösen sieht dich fassungslos an und beginnt zu wanken. Du nutzt die Überraschung und führst einen zweiten

wuchtigen Schlag – diesmal gegen den 1. Diener des Bösen selbst. Kaum hat dein Schwert ihn berührt, als er zerspringt, genauso wie zuvor die Kristallkugel. Und kaum ist die letzte Scherbe auf dem Boden gelandet, als sich Risse in Boden und Decke des Raumes auftun. Steine und Felsbrocken brechen aus der Decke.
Deine einzige Chance ist, wieder durch den Spiegel zu springen und so in deine Welt zurückzugelangen. Also springst du hinein: Lies weiter bei **400**.

357

Du kämpfst dich weiterhin durch das manchmal mannshohe Schilf. Kein Weg oder Pfad ist zu finden. Wenn du nach links abbiegen willst, lies weiter bei **294**. Wenn du geradeaus weitergehen willst, lies weiter bei **238**. Wenn du nach rechts abbiegst, lies weiter bei **397**.

358

Du drehst dich um – und siehst, daß dir zwei weitere dieser Monster entgegenkommen. Die Krallen eines der Monster ergreifen dich und tragen dich fort. Fort in namenloses Entsetzen und nie enden wollenden Schmerz.

ENDE

359

Das Monster versucht zu flüchten, kann aber die Grubenwände nicht erklimmen. Also wendet es sich um und greift dich wieder an.
Jetzt hat es allerdings nur noch eine Kampfstärke von 15. Wenn du den Öppelmann triffst, lies weiter bei **248**. Kämpfe so lange, bis du das Wesen einmal getroffen hast.

360

Du öffnest die Schriftrolle und liest:

121
(Mittlerer Gewinn)

Du überreichst der blinden alten Frau die Rolle und erhältst als Gewinn einen Krafttrunk. Schreib dir einen weiteren Stärkepunkt gut.
Wenn du noch eine andere Schriftrolle kaufen willst, geh zurück zu **319**. Wenn du keine Schriftrolle mehr kaufen möchtest, lies weiter bei **200**. Wenn dies deine *fünfte Wahl* ist oder du keine Lust mehr hast, andere Teile der Stadt zu erforschen, lies weiter bei **205**.

361

In dem Moment, wo du den Kopf schüttelst, siehst du aus den Augenwinkeln eine Bewegung. Bevor du dich noch umwenden kannst, hat man dir einen Bierkrug auf den Schädel gehauen. Eigentlich hätte der Krug dich nur betäuben sollen. Leider hat der Schläger dich für etwas robuster gehalten. Das ist dein

ENDE

362

Du wachst auf. Alles um dich herum ist schwarz. Der Boden, auf dem du liegst, ist kalt und feucht. Du schauderst zusammen, frierst erbärmlich. Wenn du deinen Kopf wendest, schmerzt dich der Hals. Am Genick hast du eine dicke Schwellung.
Offensichtlich hat man dir jedoch nichts abgenommen. Auch das Schwert der Furcht hat man dir gelassen.
Du stellst fest, daß du dich in einem unterirdischen Gangsystem befindest, an dessen Wänden qualmende Pechfackeln ein unheimliches Licht verbreiten. Man hat dich an einer Kreuzung abgelegt. Lies weiter bei **296**.

363

Die Frau reagiert nicht. Wenn du versuchst, sie oder die Kinder zu berühren, lies weiter bei **380**.
Wenn du diesen Ort verlassen willst, um eine weitere Hütte zu erkunden, lies weiter bei **330**.
Wenn du das Dorf verlassen willst, lies weiter bei **133**.

364

Überzeugt, das Ziel deiner langen Reisen gefunden zu haben, reichst du dem Mann die Hand. Dann nehmt ihr ein großes Festmahl zu euch. Von diesem Tage an regierst du an der Seite des Mannes den Kontinent Fantásia. Du weißt, daß ihr weder häßlich noch böse seid, du weißt, das ihr das Land von allem Übel befreien wollt.
Und ziemlich bald wirst du auch sehr berühmt, dein Namen ist im Mund aller Bürger Fantásias: der 2. Diener des Bösen...

ENDE

365

Du machst dich an den Abstieg. Als du nach etwa zwei Stunden den Fuß des Berges erreicht hast, läufst du zunächst in südliche Richtung weiter. Bald sind kaum noch hohe, starke Bäume zu sehen. Ein eigenartiger Dunstschleier liegt in der Luft. Links und rechts neben dem Weg wachsen jetzt Birken. Oft siehst du die schwarzen, verkrüppelten Reste ehemals mächtiger Laubbäume. Der Feldweg, auf dem du wanderst, ist nicht mehr steinig, sondern besteht aus weicher, torfartiger Erde.

Nach wenigen Meilen wird der Boden immer felsiger, der Dunstschleier ist verschwunden. Der Weg wird immer steiler und führt zwischen dunkelgrünen Nadelbäumen bergauf. Es wird zunehmend kälter. Im Schatten zwischen den Felsen siehst du kleine Schneereste liegen. Bald wachsen keine Bäume mehr, sondern nur noch flache Nadelhölzer. Der Weg zwischen den riesigen Felsblöcken führt immer weiter hinauf. Als du überlegst, ob du nicht versuchen solltest, durch den Sumpf zur Ruine zu gelangen, gibt plötzlich der Boden unter dir nach. Mach einen Geschicklichkeitstest. Wenn er dir gelingt, lies weiter bei **326**. Wenn er dir nicht gelingt, lies weiter bei **375**.

366

Diese Tür geht nach außen, das heißt, zu dir hin auf. Sie ist nicht abgeschlossen und bietet keinen Widerstand. Da sie in Lederscharnieren hängt, verursacht das Öffnen fast kein Geräusch.

Durch die Türritze kannst du vier Meuchlinge um einen Tisch herum sitzen sehen. Sie brüllen, lachen und krächzen im Chor, offensichtlich haben sie irgendwo ein Weinfaß erbeutet. Im flackernden Licht zweier an der Wand befestigter Pechfackeln kannst du erkennen, daß sie sich große schwarze Spinnen auf ihre schmutzigen

Stirnen gemalt haben. Sie befinden sich in einem etwa zwanzig mal zwanzig Schritte großen Raum. In der dir gegenüberliegenden Wand entdeckst du eine Holztüre, die der, hinter der du dich gerade versteckst, gleicht.
Die Meuchlinge haben ihre Waffen nicht abgelegt. In einer Ecke des offensichtlich in den Felsen gehauenen Raumes lehnt ein langes Blasrohr. Einer von ihnen meint: »Jetz hatt dass Menschlein von Schwarzkriecher schon gefressen word! Hoho. Nachdann ist ein gutes Süppchen aus den Knöchelchen kochmach!«
Die anderen finden das sehr komisch und halten sich die Bäuche vor Lachen.
»Gut witzmach, gut witzmach«, krächzt einer.
Dann stimmen die vier ein Lied an:

Feuerbrenn in jädi Ort
Schleppmach Mensch und Viechi fort
Schlagmach was da krucht und flucht
unn sich zu firsteckan sucht.

Das Lied hat noch sehr viele Strophen. Langsam werden die vier Sänger jedoch immer müder.
Nach und nach fallen sie auf ein Deckenlager in einer Ecke des Raumes. Der letzte von ihnen wirft das leere Weinfaß vom Tisch, dann schläft er, den Kopf auf der Tischplatte, ein. Lautes Schnarchen ist zu hören.
Du versuchst, den Raum leise zu durchqueren, um an die Tür an der gegenüberliegenden Seite zu kommen.
Du erreichst die Tür. Du mußt von innen einen Riegel zurückschieben. Mach einen Geschicklichkeitstest.
Wenn er gelingt, lies weiter bei **211**. Wenn er mißlingt, lies weiter bei **279**.

367

Du wachst in einer großen Höhle auf und liegst auf einem weichen, mit Tierfellen bezogenen Bett. Neben deinem Bett auf einem Hocker steht eine Laterne. Du bist bei den Zwergen. Du siehst, daß deine Wunden verheilt sind. Kraft, Geschicklichkeit und Intelligenz sind wieder auf ihrem Anfangswert. Wurden im Lauf des Abenteuers zusätzliche Punkte erworben, so sind auch diese regeneriert. Als du aufstehst, kommen von allen Richtungen Zwerge an dein Bett gestürzt.

Dann wird ein sehr dicker, auf einem großen Schild stehender Zwerg herbeigetragen. Du stehst auf und befindest dich mit ihm auf gleicher Augenhöhe.

Der Zwerg beginnt mit dunkler, knarrender Stimme eine Rede zu halten. Er spricht von ›außergewöhnlichen Verdiensten um den Zwergenstaat‹ und daß man mit einem Volksschädling wie dem Öpplmann keinerlei Mitleid haben darf. Von Zeit zu Zeit wird der Zwergenchef von seinen applaudierenden Untertanen unterbrochen.

Du bist ein Volksheld des Zwergenstaates geworden. Lies weiter bei **265**.

368

Nach fünfzehn Schritten macht der Gang eine scharfe Linkskurve. Nach etwa zehn Schritten kommst du an die Spinnenhalle. An ihrem Eingang liegt eine tote Spinne. Die beiden anderen Spinnen liegen dort, wo du sie erschlagen hast. In diesem Raum hat sich nichts verändert. Du gehst den Weg zurück, auf dem du gekommen bist. Du kommst also zurück auf die Kreuzung. Hier hast du drei Möglichkeiten, weiterzugehen.

Du kannst geradeaus weitergehen (weiter bei **354**), du kannst rechts abbiegen (weiter bei **394**) oder links abbiegen (weiter bei **276**).

369

Die entsetzliche Kreatur stößt schrille Laute aus und flüchtet. Sie verschwindet hinter einer schweren Eisentür, die, soweit du erkennen kannst, in den Keller führt. Du durchsuchst den Laden und findest in der Kasse vier Goldmünzen. Notiere dir den Fund. Und jetzt zu dem ›verbotenen‹ Buch. Wenn du es lesen willst, lies weiter bei **173**. Wenn du es nicht lesen willst, lies weiter bei **200**. Wenn dies deine *fünfte* Wahl ist oder du keine Lust mehr hast, andere Teile der Stadt zu erforschen, lies weiter bei **205**.

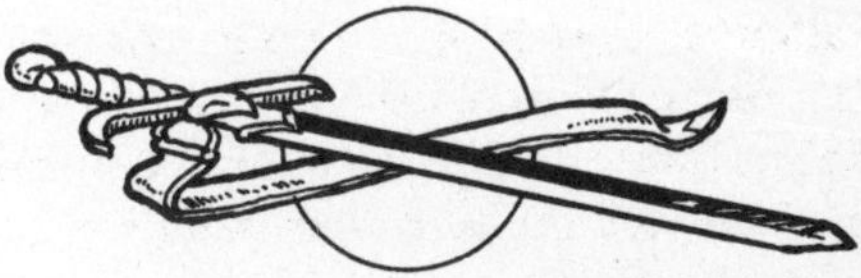

370

Du betrittst diesen Turm und siehst, daß eine einfache Holzleiter nach oben führt. Du prüfst vorsichtig die Stufen; sie scheinen stabil zu sein. Du kletterst vorsichtig nach oben. Die Leiter endet an einer offenen Falltür. Ganz langsam schiebst du deinen Kopf durch die Öffnung. Du siehst einen Meuchling, der auf einem rohgezimmerten Hocker sitzt, schlafend den Kopf in die Hände gestützt. In diesem Raum beginnt eine eckige Wendeltreppe. Mach einen Geschicklichkeitstest. Wenn er gelingt, kommst du an dem Meuchling vorbei, ohne daß er aufwacht: weiter bei **277**. Wenn der Test mißlingt, lies weiter bei **235**.

371

Du befindest dich in einer kleinen Moorsiedlung. Am Rand eines hundert mal hundert Schritte großen, gepflasterten Marktplatzes stehen etwa zwanzig weißgetünchte kleine Häuschen. Die Menschen sehen alle sehr unglücklich aus. So, als ob sie sich vor etwas fürchteten.
Sie tragen Kleider aus dunkelbraunem, grobem Stoff und blicken dich scheu, fast ängstlich an. Keiner trägt eine Rüstung, keiner ein Schwert oder eine andere Waffe.
An einem Aushängeschild erkennst du die Kneipe der kleinen Ortschaft. Wenn du die Kneipe besuchen willst, lies weiter bei **343**. Wenn du lieber weitergehst, lies weiter bei **392**.

372

Außer dem Tisch mit dem Buch befindet sich, soweit du es erkennen kannst, nichts in dem Raum.
Vorsichtig, Schritt für Schritt, näherst du dich dem Buch. Als du es erreicht hast, schlägst du es behutsam auf. Eine Staubwolke steigt empor, einige Seiten lösen sich vom Buchrücken, fallen auf den Hüttenboden und zerfallen dort augenblicklich zu Staub. Du kannst die Sprache lesen, in der das Buch geschrieben wurde.
Es handelt sich um die Chronik der Bewohner des kleinen Ortes.
Allerdings sind nicht mehr alle Wörter der aufgeschlagenen Seite zu lesen, an vielen Stellen fehlt ein Wort.
Folgende Worte und Satzfetzen kannst du erkennen:

...ösen hat ein ...lbern Arm. Heuite als
ther Diner den Zins eintreiben wolt, hatt
der Senkeer Bur nit zahlen gekunnen. Do hatt
er, der Diner, mit sinem Arm den Senkeer Bur
sin klin Kind angefast, mit sinem silbern Arm,

als wenn ers streicheln gewollt. Do ist das
arm Wurm krank geworren und hat nicht erholen
sich gewollt, bis das es starb.
Un als ther Diner gewisse, daß nit ainer von uns
kunnt sin Zins zallen, du hat er gesait:
Wenn nieman allhie will zahlen,
wird ein Krankheit üch befallen,
Un keüner mugget überstehn,
ein Faulnis was nieman gesehen.
Un als er gangen hat, ein Pest den Senk...
(hier wird der Text unleserlich) ... der da lieset:
Gah nit zun Malefizteufel sin Platz, gah nit zur Ruin...
(an dieser Stelle ist die Seite zu Ende).

Als du umblättern willst, gibt das Papier unter deinen Fingern nach. Eine Staubwolke steigt auf. Nachdem sie sich verzogen hat, sind von den Buchseiten nur noch Staub und kleine Fetzen übrig. Du untersuchst den Raum, kannst aber keine weiteren Schriftstücke finden. Auch eine Feder oder ein Tintenfaß fehlen.
Wenn du eine weitere Hütte erkunden willst, lies weiter bei **330**.
Wenn du das Dorf verlassen willst, lies weiter bei **133**.

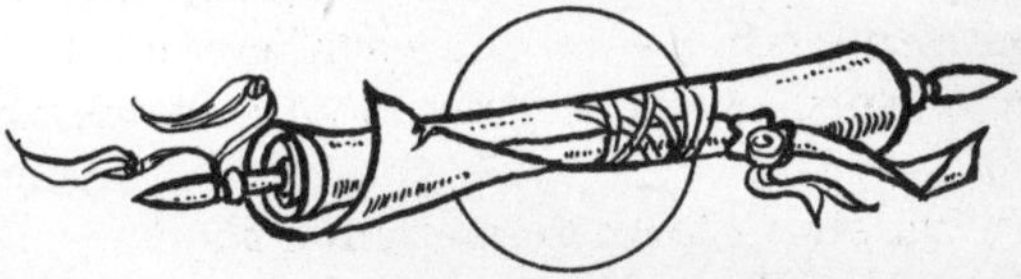

373

Nach zehn Schritten kommst du an eine massive Holztür. Hinter ihr ist undeutlich lautes Geschrei und Lachen zu hören. Die Laute klingen unmenschlich und erschrekkend. Wenn du lieber zurück zur Kreuzung gehst, lies weiter bei **296**.
Wenn du versuchst, die Tür zu öffnen, lies weiter bei **366**.

374

Du kommst an eine Kreuzung. Wenn du geradeaus weitergehen willst, lies weiter bei **254**. Wenn du rechts abbiegen willst, lies weiter bei **178**. Wenn du zurück zur Tür gehen willst, lies weiter bei **396**.

375

Du fällst mehrere Meter tief, es gelingt dir nicht, den Sturz abzufangen, du nimmst einen Stärkepunkt Schaden. Lies weiter bei **268**.

376

An einer Stelle dieser Hütte ist ein Stützbalken eingebrochen. Der ganze Boden hat sich gesenkt, so daß du, ohne die Leiter benutzen zu müssen, nach oben klettern kannst. Das Dach ist an einer Stelle eingestürzt, ein kleiner Spalt zwischen Dachrand und Boden läßt nur erahnen, was unter dem noch überdachten Teil der Hütte steckt. Du überlegst, ob du nicht doch lieber umkehren willst, als du ein eigentümliches violettes Leuchten zwischen den Schilfhalmen des Daches bemerkst.
Du ziehst dein Schwert und versuchst damit den Dachrand etwas anzuheben. In dem Moment kommen zwei

Riesenameisen aus dem Dunkel gekrabbelt. Als du dich umdrehen willst, um zu fliehen, siehst du, daß sich hinter dir noch zwei weitere Ameisen befinden. Du bist eingekreist. Die Ameisen sind, ihre Füße eingerechnet, etwa zwei Schritte groß. Jede Ameise hat eine Kampfstärke von 10. Während du jedoch eine Ameise erschlägst, greift dich eine von hinten an, und die beiden anderen stürzen sich von der Seite auf dich. Für je drei Ameisenbisse verlierst du einen Geschicklichkeitspunkt, weil du durch ihr Gift gelähmt wirst. Sinkt die Anzahl deiner Geschicklichkeitspunkte auf Null, bist du gelähmt und wirst von den Ameisen in ihren Bau verschleppt. Dort wirst du von kräftigen Kauwerkzeugen fachgerecht zerteilt.
Wenn du die Ameisen jedoch besiegst, lies weiter bei **230**.

377

Nach fünfzehn Schritten macht der Gang eine scharfe Rechtskurve, nach dreißig Schritten nochmals. Nach weiteren dreißig Schritten folgt eine weitere Rechtskurve, nach fünfzehn Schritten stehst du auf einer Kreuzung.
Wenn du nach rechts abbiegen willst, lies weiter bei **307**.
Wenn du nach links abbiegen willst, lies weiter bei **373**.
Wenn du geradeaus weitergehen willst, lies weiter bei **298**. Wenn du lieber wieder umkehren willst, lies weiter bei **386**.

378

So sehr du dich auch bemühst, der Meuchling fällt nicht zu Boden. Leg einen Stärketest ab. Wenn er gelingt, lies weiter bei **329**. Wenn der Test nicht gelingt, lies weiter bei **299**.

379

Du erhältst eine Wundertüte. Würfle einmal und schreib dir das Ergebnis auf deinem Fantásia-Bogen gut. Du kannst alle Punkte bei einer Eigenschaft gutschreiben oder die Punkte auf verschiedene Eigenschaften verteilen. Wenn du aber eine 6 würfelst, lies weiter bei **314**. Ansonsten lies weiter bei **200**. Wenn dies deine *fünfte* Wahl ist oder du keine Lust mehr hast, andere Teile der Stadt zu erforschen, lies weiter bei **205**.

380

Die Frau löst sich vor deinen Augen in Luft auf. Die Kinder sind plötzlich auch verschwunden. Weder ein Herd noch irgendein Möbelstück befinden sich in diesem Raum. Du bist einer Illusion aufgesessen. Streich dir einen Intelligenzpunkt weg.

Wenn du andere Hütten erkunden willst, lies weiter bei **330**.

Wenn du das Dorf verlassen willst, lies weiter bei **133**.

381

Du überlegst dir, ob du den Meuchling umbringen sollst. Wenn du ihn tötest, lies weiter bei **345**. Wenn du ihn laufenläßt, lies weiter bei **365**.

382

Dieser Gang führt erst fünfzehn Schritte geradeaus. Dann folgt eine scharfe Rechtskurve. Nach fünfzehn Schritten kommst du an eine Kreuzung. Diese kommt dir bekannt vor. Wenn du geradeaus weitergehen willst, lies weiter bei **373**. Wenn du in den linken Gang gehen willst, lies weiter bei **386**. Wenn du in den rechten Gang gehen willst, lies weiter bei **298**. Willst du zurückgehen, lies weiter bei **307**.

383

Der Vogel flüchtet und taumelt mit zerrissenen Flughäuten davon. Während du noch erschöpft deinem Gegner nachblickst, hörst du ein Rascheln in den Büschen. Du siehst einen kleinen Meuchling Hals über Kopf davonlaufen. Willst du ihn verfolgen? Dann lies weiter bei **295**. Wenn du lieber den Berg hinuntersteigen willst, lies weiter bei **365**.

384

Du reibst dir die Augen und kannst nicht glauben, was du siehst. Vor deinen Augen erhebt sich schwarz und monströs eine halbzerstörte Burg. Die Zugbrücke ist aus purem, rotloderndem Feuer. Dies muß sie sein, die Ruine des Unheils.

Du selbst befindest dich in einem Graben, direkt an der Straße, die zur Zugbrücke der Ruine führt. Es ist später Nachmittag.

Noch bevor du irgendeine Entscheidung treffen kannst, die dich ins Innere des schreckenerregenden Konstruktes führen würde, hörst du einen lauten, hohen Schrei aus der Burg. Wenn du nun über die Zugbrücke gehen willst, lies weiter bei **190**.

Wenn du dich zuerst einmal um die Ruine herumschleichen willst, lies weiter bei **164**.

385

Du widersetzt dich erfolgreich den Bemühungen des Vogels, dich fortzuschleppen. Du mußt weiterhin gegen ihn kämpfen. Der Vogel hat am Boden jedoch nur eine Kampfstärke von 10. Wenn du ihn triffst, lies weiter bei **383**.

386

Nach fünfzehn Schritten macht der Gang eine scharfe Kurve nach links, nach dreißig Fuß eine weitere Kurve nach links, nach weiteren dreißig Schritten führt der Gang noch mal nach links. Nach fünfzehn Schritten befindest du dich an einer weiteren Kreuzung. Lies weiter bei **340**.

387

Du öffnest die Schriftrolle und liest:

4566897
(Kleingewinn)

Du überreichst der blinden alten Frau die Rolle und erhältst als Gewinn ein Büschel Mondkraut. Notiere dies auf deinem Fantásia-Bogen.
Wenn du noch eine weitere Schriftrolle kaufen willst, geh zurück zu **319**. Wenn du keine Schriftrolle kaufen möchtest, lies weiter bei **200**. Wenn dies deine *fünfte* Wahl ist oder du keine Lust mehr hast, andere Teile der Stadt zu erforschen, lies weiter bei **205**.

388

Du befindest dich an einem Graben, direkt unterhalb der Straße, die zur Ruine des Unheils führt. Du kannst nicht glauben, was du siehst: ein monströses Bauwerk. Die letzte Etappe deiner anstrengenden Reise liegt vor dir. Lies weiter bei **317**.

389

Du prügelst dich den Rest des Nachmittags mit allen möglichen Herausforderern. Würfle einmal und stell fest, wieviel Geld du so verdienst:

1	10 Goldmünzen
2	20 Goldmünzen
3	30 Goldmünzen
4	20 Goldmünzen
5	10 Goldmünzen
6	50 Goldmünzen

Irgendwann erinnerst du dich wieder an deine eigentliche Aufgabe. Lies weiter bei **205**.

390

Du gehst noch ein paar weitere Schritte auf die Zelte und das Feuer zu, als dir plötzlich köstlicher Essensgeruch in die Nase steigt. Du läßt jegliche Vorsicht fallen und gehst direkt zu dem Lagerfeuer. In dem schummrigen Licht sitzen viele kleine Wesen. Als die Wesen dich bemerken, springen sie auf und greifen zu den Waffen. Schnell stellst du dich in die Mitte des Platzes und sprichst: »Hört mich an! Ich bin kein Feind, sondern nur ein armer Hirte, der sich verlaufen hat. Bitte, gewährt mir ein Lager, und ich werde meine Vorräte mit euch teilen!«
Im Licht des Feuers siehst du, daß es sich bei den Wesen um Elfen handelt. Sie sind etwa halb so groß wie du, wirken jedoch sehr ernst.
Einer der Elfen, offenbar der Anführer, tritt auf dich zu. »Gib mir dein Schwert, und du wirst ein Lager für die Nacht erhalten. Wir werden es dir morgen, wenn wir uns trennen, zurückgeben.« Der Elf sieht vertrauenswürdig aus, also überreichst du ihm deine Waffe. Er bringt sie in sein Zelt und fordert dich auf, dich zu ihnen zu setzen. Du setzt dich und wirst sofort mit allen möglichen Fragen bestürmt. Du erzählst ihnen deine Geschichte, und die Elfen hören teilnahmsvoll zu.
Sie erzählen dir, daß sie auf dem Weg zum Hofe des Königs seien, um seinen Schutz zu erbitten. Du erfährst, daß sich in einer Ruine in der Nähe der Elfensiedlung ein böser Herrscher niedergelassen habe. Viele junge Elfen sind bereits in den Bann des unheilvollen Herrschers geraten. Doch alle Versuche, sie zu befreien, sind erfolglos gewesen, da niemand in die Ruine eindringen kann: Ihre Zugbrücke ist aus purem Feuer, und des Nachts fliegen grauenvolle Gestalten um die schrecklichen Türme und Zinnen.
Noch eine ganze Weile erzählen sie dir von der schrecklichen Gefahr, die ganz Fantásia bedroht. Als du endlich

Schlaf findest, wirst du von scheußlichen Träumen gequält, in deren Mittelpunkt eine Zugbrücke aus purem Feuer steht. Du siehst, wie du versuchst, die Ruine zu betreten, um gefangene Elfenkinder zu befreien. Doch es ist unmöglich, die feurige Brücke zu überqueren... Lies weiter bei **91**.

391

Du weißt nicht, welche Tageszeit es ist. Dem Stand der Sonne nach zu urteilen, die durch den nebelverhangenen Himmel kaum zu erkennen ist, muß es noch früher Nachmittag sein.
Als sich deine Augen an die Helligkeit gewöhnt haben, stellst du fest, daß du dich in einem Moor befindest. Die Tür, aus der du kamst, ist direkt in einen riesigen grauen Felsen eingelassen. Dieser Felsen ist die einzige Erhöhung, die du erkennen kannst. Allerdings kannst du nicht weit sehen. Über den gelben Schilfhalmen liegt ein dichter, feuchter Nebel.
Offensichtlich gibt es nur einen Weg: einen Trampelpfad, der zu der Meuchlingbehausung führt.
Überall im Moor liegen kleine und größere schwarze Teiche.
Ihr Wasser ist so schwarz, daß man nicht abschätzen kann, wie tief sie sind oder was auf ihrem Grund lauert.
Der Boden unter deinen Füßen schwingt bei jedem deiner Schritte.
Kein Geräusch, nicht einmal ein Froschquaken ist zu hören.
Du entscheidest dich dafür, dem Trampelpfad der Meuchlinge zu folgen. Durch den Nebel kannst du höchstens fünfzehn Schritte weit sehen.
Am Anfang läufst du ziemlich schnell, für den Fall, daß dich die Meuchlinge verfolgen. Nach einer guten Meile

läufst du etwas gemächlicher. Auch gegen Mittag hat sich der Nebel nicht gelichtet.
Der Pfad, dem du folgst, wird immer schwerer erkennbar. Manchmal zweifelst du, ob hier überhaupt schon jemand gegangen ist. Nach einer halben Meile mußt du dir eingestehen, daß du dich verirrt hast. Vielleicht solltest du versuchen, umzukehren, um den Trampelpfad wiederzufinden. Dann lies weiter bei **336**.
Oder du gehst einfach geradeaus weiter, lies weiter bei **353.** Links von dir wird der Nebel scheinbar noch dichter. Vielleicht ist dort ein größerer See. Wenn du dich links halten möchtest, lies weiter bei **342**.

392

Nach etwa hundert Schritten siehst du einen Schmied in seiner Werkstatt. Dein Schwert könnte einige Tropfen Öl ganz gut gebrauchen, so trittst du auf den Schmied zu, der dir gerade den Rücken zugekehrt hat.
»Meister Schmied, habt Ihr wohl ein wenig Öl für mich übrig?«
Der Schmied dreht sich um und blickt dich an. »Ist die Frage gestattet, zu welchem Zweck Ihr es benötigt?«
»Ich will mein Schwert damit ölen.«
Mißtrauisch betrachtet der Schmied den Griff deines Schwertes. »So jung und schon solch ein feines Schwert«, meint er. »Woher kommt der junge Herr, wenn man das fragen darf?« Angestrengt schaut er auf deine Hände.
»Aus dem Moor«, antwortest du.
»So, so, aus dem Moor. Und wie habt Ihr dort hinein- und herausgefunden?«
Du erzählst ihm deine Geschichte.
Er scheint dir aber nicht recht zu glauben. Schließlich ziehst du dein Schwert, um ihm ein paar Rostflecke darauf zu zeigen.

»Sir, woher habt Ihr das Schwert? Ihr seid nicht im Dienste des Bösen.« Du berichtest ihm von Baron Schmoll. Da beginnt er zu lachen. »Baron Schmoll! Damals, als der Diener das erstemal in die Stadt kam, ist mein Bruder ausgezogen, um in der Welt sein Glück zu versuchen. Und wisset, er ist in Baron von Schmolls Diensten. Kommt mit zum Wirt, erzählt eure Geschichte, Fremder!« Lies weiter bei **261**.

393

Dieser Gang führt erst fünfzehn Schritte geradeaus. Dann macht er einen scharfen Linksknick. Nach zehn weiteren Schritten befindest du dich in einer Halle.
Diese ist etwa zwanzig Schritte hoch. In ihrer Mitte befindet sich eine Quelle, die aus einem Felsen hervorsprudelt. Die Quelle leuchtet blau und erhellt fast die ganze Halle mit ihrem Licht. Der Boden der Halle ist mit feinem, weißem Sand bedeckt.
Irgend etwas, ein Geräusch oder ein Windhauch, hat dein Mißtrauen geweckt. Außerdem sind auf dem Sand sehr eigenartige Spuren. Bevor du in den Saal gehst, blickst du nach oben.
Dann siehst du eine riesige, etwa zwei Schritte große Vogelspinne. Sie läßt sich – ganz langsam – an ihrem Faden herunter. Direkt über deinem Kopf.
Du kannst gerade noch zurückspringen, bevor sie dich mit ihren dünnen, haarigen Beinen berührt. Links und rechts im blauen Licht der Quelle kannst du plötzlich zwei weitere Riesenspinnen erkennen. Du ziehst das Schwert der Furcht. Wenn du kämpfen willst, lies weiter bei **302**.
Wenn du fliehen willst, kommst du zurück an die Kreuzung. Dann lies weiter bei **287**.

394

Nach fünfzehn Schritten macht der Gang eine scharfe Linkskurve, nach weiteren fünfzehn Schritten kommst du an eine Kreuzung, die dir bekannt vorkommt. Wenn du in den rechten Gang gehen willst, lies weiter bei **396**. Wenn du in den linken Gang gehen willst, lies weiter bei **254**. Willst du geradeaus weitergehen, lies weiter bei **178**. Entscheidest du dich dafür, in den Gang zurückzugehen, aus dem du gekommen bist, lies weiter bei **259**.

395

Plötzlich fällt ein Schatten auf dich, und über dir in der Luft hörst du ein lautes Rauschen. Als du nach oben blickst, siehst du ein riesiges vogelartiges Wesen. Seine Flügel bestehen aus großen, braunen, lederbespannten Knochen. Sein Schnabel ist mindestens drei Schritte lang, winzige, rotglühende Augen sitzen in einem kleinen Vorsprung an der Schnabelspitze. Das Tier hat dich bereits gesehen und stößt auf dich herab. Du ziehst das Schwert.

Durch seinen Sturzangriff hat der Vogel bei seinem ersten Angriff eine Kampfstärke von 18. Wenn du eine Eisenrüstung trägst, lies weiter bei **243**.

Wenn du keine Eisenrüstung trägst, lies weiter bei **385**.

396

Nach fünfzehn Schritten kommst du an eine schwere Holztür. Innen hörst du lautes Grölen. Wenn du lieber wieder umkehren willst, lies weiter bei **374**. Wenn du versuchen willst, die Tür zu öffnen, lies weiter bei **366**.

397

Langsam wirst du sehr wütend. Dieses Moor scheint kein Ende zu nehmen. Im Gegensatz zu deinen Vorräten. Du kannst geradeaus weitergehen, dann lies weiter bei **180**. Wenn du rechts abbiegen willst, lies weiter bei **274**. Wenn du die linke Richtung einschlagen willst, lies weiter bei **309**.

398

Du wirfst dich in die Brust und stolzierst auf den Ring zu. Als der Mann mit dem Zylinder dich erblickt, beginnt er zu schmunzeln. »Oha! Wen haben wir denn hier?« Er zieht dich auf die Bühne: »Ob dies der neue Champion sein wird?«
Der Meuchling, der in der anderen Ecke des Ringes hockt, schaut dich verschlagen an. Du siehst, wie im Publikum Wetten abgeschlossen werden. Schließlich werden dir die Waffen abgenommen, du stehst dem Meuchling gegenüber. Mit schleimigen Klauen umfaßt er dich und versucht dich auf den Boden zu werfen. Lege einen Stärketest ab. Wenn er gelingt, lies weiter bei **329**. Sollte der Stärketest nicht gelingen, geht es bei **335** weiter.

399

»Hilfe, Hilfe, holt mich hier raus.« Keine Antwort. Du rufst noch mal. Nach einer halben Stunde gibst du es auf. Plötzlich hörst du Laute, tappende Schritte, die sich dem Loch nähern. Am Grubenrand erscheint ein eigenartiges Wesen: riesige, leuchtendgrüne Augen starren dich aus einem affenähnlichen Gesicht an. Das ganze Gesicht scheint nur aus Augen und einem Maul mit riesigen Hauern zu bestehen. Ein Öppelmann! fällt es dir siedendheiß ein. In alten Sagen wird von diesen Bergmonstern

berichtet, die mehrere hundert Jahre alt sind und über sechs Schritte groß werden. Diese Allesfresser bereiten angeblich den Zwergen große Probleme, weil sie oft in deren Bauten eindringen, um sie zu fressen. Es wird von Öppelmännern berichtet, die im Winter auf schneebedeckten Hängen mit riesigen Schlitten zu Tal sausen und alles umfahren, was ihnen im Weg steht. Es gibt in Fantásia ein altes Sprichwort, für jemanden, dem nicht mehr zu helfen ist: ›Der ist in die Öppelbahn geraten.‹ Angeblich hat noch niemand einen Öppelmann besiegt. Der Öppelmann hat eine Kampfstärke von 17. Mit seinen langen Armen, an deren Enden jeweils zwei Hornklauen sitzen, versucht er dich zu greifen und aus dem Loch zu zerren. Du ziehst dein Schwert. Mach einen Geschicklichkeitstest. Wenn du Erfolg hast, trifft er dich nicht mit seinen messerscharfen Krallen. Bestehst du den Test nicht, verlierst du einen Geschicklichkeitspunkt.
Lies weiter bei **327**.

400

Für einen Moment erfüllt dich namenloses Entsetzen. Du verlierst erneut dein Bewußtsein und erwachst schließlich doch in dem Zimmer, aus dem hinaus du in die Welt des 1. Dieners des Bösen gelangt bist.
Schnell läufst du die Wendeltreppe hinab und kletterst die Leiter hinunter. Als du dich dem Ausgang näherst, siehst du, daß die Zugbrücke aufgehört hat zu brennen.

Unbeschadet überquerst du sie und bist auf der Hauptstraße. Als du dich erschöpft in den Straßengraben setzt und überlegst, wie du wieder zurück nach Tomkaga gelangen könntest, beginnt die Luft vor deinen Augen zu flimmern. Langsam formt sich eine Gestalt – du hast dein Schwert schon wieder zur Verteidigung erhoben, als du erkennst, wen du vor dir hast – Gassquix, den Hofmagier des Königs.
Du willst ihm erzählen, was du erlebt hast, doch er unterbricht dich und sagt, daß er alles beobachtet hätte. Er erzählt dir, daß der 1. Diener des Bösen ihn in seinem Arbeitszimmer festgehalten hätte und daß es ihm fast gelungen wäre, Fantásia zu unterwerfen. Gassquix murmelt ein paar Zauberformeln, und ihr beide seid plötzlich auf einem gepflasterten Weg. Im Norden siehst du ein riesiges Gebäude. »Das ist das Schloß des Königs, junger Abenteurer. Willkommen in deiner neuen Heimat!«

ENDE

Die Ruine des Unheils als Gruppenabenteuer

Wenn Sie Spielleiter einer Fantásy-Rollenspiel-Gruppe sind, können Sie die *Ruine des Unheils* als Gruppenabenteuer einsetzen.
Sie müssen dieses Abenteuer natürlich an Ihr Spielsystem anpassen. Je nachdem, wie erfahren Ihre Spieler sind, sollten Sie einige Situationen noch ausbauen, d. h. gefährlicher machen.
Wenn Sie die *Ruine des Unheils* als Gruppenabenteuer einsetzen, achten Sie darauf, daß die wichtigsten Stationen der Reihenfolge nach gespielt werden:

1. Baron Schmolls Burg
2. Elfen/Hexenhaus/Fallgrube/Traumvampir
3. Tomkaga
4. Sümpfe/Gebirge
5. Die Ruine des Unheils

Jedes dieser ›Teilabenteuer‹ muß von Ihnen so ausgearbeitet werden, daß die Gefahren im richtigen Verhältnis zur Stärke Ihrer Spielercharaktere stehen. Zu Schmolls Burg, Tomkaga und insbesondere der Ruine des Unheils können Sie Karten anfertigen. Zögern Sie nicht, noch zusätzliche Räume zu erfinden.

DIE MONSTER

Die in diesem Buch vorkommenden Monster sind:

Meuchlinge

Öppelmänner

Gnome

Wegtrager

Der 1. Diener des Bösen

Sie können diese Monster entweder durch Monster Ihres Fantásy-Rollenspiels ersetzen oder sich Werte für diese Monster ausdenken. Hierbei ist besonders wichtig, daß die Spieler auf der einen Seite nicht zu stark, aber auf der anderen Seite auch nicht zu schwach für ihre Gegner sind.

Folgende Punkte sind besonders wichtig und beim Einsatz der *Ruine des Unheils* als Gruppenabenteuer zu beachten:

1. Das Schwert der Furcht ist lediglich ein Schwert + 1. Alle Kämpfe, in die Ihre Abenteurer geraten, werden nach dem normalen Kampfsystem Ihres Fantásy-Rollenspiels durchgeführt.
2. Die Spieler sollten die Möglichkeit haben, ihre normale Ausrüstung ins Abenteuer mitzunehmen. Das bedeutet für Sie als Spielleiter, daß Sie an den einzelnen Orten, an denen Begegnungen stattfinden, *mehrere* Möglichkeiten haben zu handeln.
3. Sie können Anfang und Ende des Abenteuers einfach weglassen, wenn Sie dieses Abenteuer als Teil einer Kampagne spielen wollen. In diesem Fall hätten die

Abenteurer vom König den Auftrag erhalten, zur Ruine des Unheils zu reisen und dort den 1. Diener des Bösen zu bekämpfen.

4. Da es in Ihrem Rollenspielsystem mehrere Charakterklassen bzw. Heldenarten gibt, müssen Sie dafür sorgen, daß jeder Ihrer Charaktere eine Möglichkeit erhält, seine Spezialfähigkeiten einzusetzen. Der Held in dem Solo-Abenteuer ist ein ›Kämpfer‹ oder ›Krieger‹. Im Gruppenabenteuer tauchen auch Kleriker, Zauberkundige und Halblinge auf. Achten Sie darauf, daß jeder Spieler seine Stärken voll ausspielen kann.
5. Ihre Spieler sollten nicht in *alle* Situationen dieses Buches kommen können. Es ist darauf zu achten, daß Dinge wie z. B. der Teleportationstrank, dessen ›Haltbarkeitsdatum‹ abgelaufen ist, nicht zum Tode Ihrer Spielercharaktere führen können.
6. In Tomkaga können Sie alle Stationen den Fähigkeiten Ihrer Spieler anpassen. Wenn diese schon weit fortgeschritten sind, müssen Sie z. B. die Glücksspiele so verändern, daß sie eine echte Herausforderung für Ihre Spieler darstellen.

Wenn Sie alle diese Punkte berücksichtigen, können Sie in ein bis zwei Stunden aus diesem Fantásy-Rollenspiel-Buch ein spannendes Abenteuer für beliebig viele Spieler aller Erfahrungsstufen machen. Voraussetzung ist natürlich, daß Sie dieses Buch möglichst oft gespielt haben und so alle Begegnungen und Situationen kennen. Viel Spaß dabei!

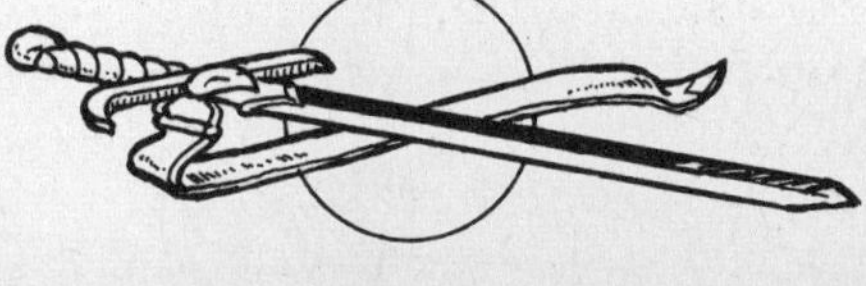